薄言 ◎ 著

# 产业观光旅游设计

中国商业出版社

图书在版编目（CIP）数据

产业观光旅游设计 / 薄言著 . -- 北京：中国商业出版社，2019.7

ISBN 978-7-5208-0800-2

Ⅰ.①产… Ⅱ.①薄… Ⅲ.①观光旅游—旅游规划—研究—中国 Ⅳ.① F592.1

中国版本图书馆 CIP 数据核字（2019）第 128486 号

责任编辑：孙锦萍

中国商业出版社出版发行
010-63180647　www.c-cbook.com
（100053　北京广安门内报国寺 1 号）
新华书店经销
郑州市金汇彩印有限公司印刷

\*

710 毫米 ×1010 毫米　16 开　15.5 印张　172 千字
2019 年 7 月第 1 版　2019 年 7 月第 1 次印刷
定价：86.00 元

\*\*\*\*

（如有印装质量问题可更换）

万物融合、新物种**爆发的时代**

产业经营如何实现**短路经济**

产业经营如何创意**产品体验**

产业经营如何重构**商业模式**

# 萌 生

◎ 薄 言

一场风暴之后
万物萧条 不忍望去
时空中好像弥漫着一种蛮荒感
一切都没有发生
一切都刚刚开始

一场时雨润后
万紫千红 欣喜望去
大地中好像萌生着一种新生态
一切都那么新鲜
一切都那么惊奇

创新的萌芽在肆无忌惮的疯涨
新的面孔总让我们误闯另一个星球
蓦然穿越千年
那是一个什么样的时空啊

AI 像饥饿的苍龙在吞噬着数字
似寒武纪的大爆发
在虚拟中 在无界中……
万物都在融合
数不清的光影在萌动
数不清的物种在萌生

# 序

  回想起来,我做创意设计工作已有二十余年了。无论是景区设计、文旅地产设计,还是商场设计、工厂设计、酒店餐饮设计等,均可统称为商业设计。不管是商业模式策划、功能区规划、消费动线划分、文化创意、商业场景呈现,还是商业投资与收益评估,所有的设计工作都是为商业运营与品牌传播服务的。

  随着我国产业结构的转型升级,产能过剩、业态落后、亏损黑洞像魔咒一样盘旋在许多企业的上空。新一轮的产业革命正在席卷全球,新零售、新物种、新传播、大数据、大链接伴随着体验经济、虚拟经济等像洪水一样冲击着传统经济,传统的生产模式、渠道模式以及商业模式在诸多无奈中彷徨。

  作为一名设计工作者,我在实践中一直在思考,我们不仅要画出美丽的场景蓝图,更应该描绘出具有商业价值的思维蓝图。用我们的思考，用我们的实践，用我们的创意为更多的产业转型升级、企业突围与重生贡献绵薄之力。

目前，我国已经进入休闲时代，十万亿的旅游红利正在改变着众多的业态。如何让产业经营和庞大的休闲旅游大军相结合，如何在万物融合的时代，重新定义产业观光旅游，以及如何实现产业观光旅游的商业价值，成为当前需要解决的几个重要问题。

日韩、欧美等发达国家十年前已进入休闲时代。产业观光旅游在这些国家也早已遍地开花，硕果累累，但由于国情、文化和消费群体的差异化，各国的产业观光形态也是不一样的。我国在理论界少有"产业观光旅游"这个概念，仓促进入休闲时代后，各行各业纷纷以"旅游+"来为产业发展披上"战袍"，诸多的休闲农业、工业旅游、文旅小镇鲜有盈利。大家都在忙着发展旅游产业，但很多时候却忽略了产业的本质。

我一直认为"旅游+"是人文自然景区应该认真考虑的发展模式。作为产业经营者，应该以产业经营为本，来做"产业+旅游"模式，这个问题不是文字游戏，不是前后位置问题，而是经营定位和商业模式的问题。否则，为了"旅游"而"旅游"，产业品牌的创新与传播、产品品类的创新与延伸、核心产品的体验感营造、消费者的心智需求等都会被忽略掉。企业忙于投资同质化的游乐设施、旅游项目，造成运营与设计初衷相背离，从而导致企业难以盈利。

国务院办公厅于2018年3月9日印发《国务院办公厅关于促

进全域旅游发展的指导意见》，指导各地促进全域旅游发展。全域旅游的核心是"推动农业、工业、商贸业等相关资源的旅游开发，全面推动产业融合，促进产业发展"。由此可见，全域旅游的目的是"产业＋旅游"的一种发展模式，这也是通过产业观光旅游促进产业发展的大思维。所以，"全域旅游"是产业观光旅游的重要推手。

产业观光旅游的商业模式区别于传统的商业模式，它是从体验经济的维度来阐释消费者新的价值主张，企业新的核心竞争力和盈利方式。产业观光旅游的目的，是让农业、工业、商业、科研、教育、文化创意业等诸多产业，在融合创新中迭变成为新的业态，实现生产经营的场景化、休闲化、娱乐化、体验化和见学化。最终，把游客变成消费者，再把消费者变成游客，从而推动产业的优化升级和商业模式重构，推动业态转型和产业的创新发展。

让产业观光为企业注入新的生命力！让产业观光推动我国品牌强国的建设！

在这个万物融合、新物种爆发的时代，结合国外产业观光旅游的发展经验，探索中国产业观光旅游的发展方向显得尤为重要。作为一名设计工作者，在探索的道路上总是充满着各种艰辛，再美好的想法都要经受实践的检验，恳请各位老师、各位企业家朋友给予指正为谢！

薄言

2018年10月1日

# 目　录

## 第一章 / 国内外产业观光旅游分析

随着体验经济的到来，消费者对所消费产品的渊源，有着非常强的猎奇心理；随着休闲时代的到来，对产业经营活动进行旅游性商业开发，具有非常广阔的发展空间，它使产业经营快速实现体验化、品牌化以及新零售，实现产业经营的叠增效益。

第一节　产业观光旅游的起源 …………………………… 003

第二节　产业观光旅游在日本得到全面发展 ………… 005

　　　　经济危机中的转型之路 ………………………… 005

　　　　日本产业观光旅游的开展方式 ………………… 008

　　　　引发日本"第六产业"革命 …………………… 010

第三节　国外产业观光旅游发展分析 …………………… 013

　　　　特色小镇成为产业观光旅游的集合体 ………… 013

　　　　观光工厂创新工业旅游模式 …………………… 015

休闲时代推动农业观光旅游……………………019

第四节　**我国产业观光旅游发展分析** …………023

　　"全域旅游"推动下的我国产业观光旅游

　　大发展 ……………………………………023

　　我国特色小镇建设与产业观光旅游的融合……024

　　我国工业旅游推动下的观光工厂发展…………026

　　我国休闲农业推动下的产业观光旅游发展……029

第五节　**我国产业观光旅游的痛点分析** …………033

　　缺乏文创的产业观光旅游………………………034

　　缺乏运营的产业观光旅游………………………034

# 第二章 / 新时代产业观光旅游的价值使命

　　产业观光旅游的逻辑思维应该是跨界融合构成的"新物种"。所以，产业观光旅游是催生产业"新物种"诞生的一种形式，通过产业观光旅游实现产业的跨界创新，实现企业商业模式的重新构建，是导致产业经营"新物种"变异的法则。

第一节　**产业观光旅游的内涵** ……………………039

　　产业观光旅游新内涵……………………………039

　　产业观光旅游与人文自然景区旅游的区别……040

　　产业观光旅游与传统的工业旅游的区别………041

第二节　**产业观光旅游的逻辑思维** ………………044

　　产业观光旅游的逻辑思维………………………044

　　产业观光的"新物种"变异法则………………045

　　产业观光旅游的核心价值………………………047

　　　　　产业观光旅游的核变效应……………………048

**第三节　迷人的观光工厂旅游** ……………………049
　　　　　丰富旅游业态………………………………049
　　　　　推进产业转型升级…………………………049
　　　　　促进产业品牌建设…………………………050
　　　　　帮助企业重构商业模式……………………050
　　　　　引领产业场景化革命………………………051

## 第三章 / 新时代产业观光旅游如何设计

　　规划设计单位不再是简单的画图工具，而是应该洞悉未来，熟知商业的运营规律，在实践中融合创新，用创新来和这个伟大的时代对话！在产业观光旅游设计方面，要先做策划后做规划，帮助甲方从宏观层面设计商业模式，中观层面设计品类创新，微观层面设计品牌定位，然后才是场景设计和观光旅游专项设计。

**第一节　开展产业观光旅游的时机与条件** ………055
　　　　　开展产业观光旅游的时机…………………055
　　　　　开展产业观光旅游的条件…………………056

**第二节　产业观光旅游设计的两个依据** …………064
　　　　　依据国家政策发展趋势……………………064
　　　　　依据产业未来发展趋势……………………066

**第三节　产业观光旅游设计的三个定位** …………073
　　　　　企业战略性观光需求定位…………………073
　　　　　产业观光旅游的客群市场定位……………076

|  |  | 产业观光旅游项目投资定位……………… 079 |
|---|---|---|
| 第四节 | 产业观光旅游的三个模式设计 | ……………… 081 |
|  |  | 产业观光旅游的商业模式设计……………… 081 |
|  |  | 产业观光旅游的盈利模式设计……………… 084 |
|  |  | 产业观光旅游的运营模式设计……………… 087 |
| 第五节 | 产业观光旅游设计的四个规划 | ……………… 090 |
|  |  | 产业观光旅游 IP 创意规划 …………………… 090 |
|  |  | 产业观光旅游场景创意规划………………… 096 |
|  |  | 产业观光旅游动线规划……………………… 101 |
|  |  | 产业观光旅游购物消费规划………………… 103 |
| 第六节 | 产业观光旅游五种客群设计 | ……………… 107 |
|  |  | 政治观光客群设计…………………………… 108 |
|  |  | 商务观光客群设计…………………………… 109 |
|  |  | 生活观光客群设计…………………………… 110 |
|  |  | 研学观光客群设计…………………………… 112 |
|  |  | 旅游观光客群设计…………………………… 113 |

## 第四章 / 未来产业观光旅游的颠覆性效应

新零售在产业观光中的进化应该是从"人—货—场"到"场—人—货"的场景体验性转变。产业观光旅游项目中的各种场景，都会成为人人自拍、人人传播的网红场景。用场景重塑消费者的心智认知，颠覆传统信任连接，形成产业的生态发展模式，形成产业的区域道场。

第一节　新零售效应　………………………………… 117

|  |  | 场景化体验效应 | 118 |
|---|---|---|---|
|  |  | 场景化零售效应 | 119 |
|  |  | 场景化连接效应 | 119 |
| 第二节 | 新传播效应 |  | 120 |
|  |  | 游客即媒介 | 120 |
|  |  | 场景即网红 | 121 |
|  |  | 分享即传播 | 122 |
| 第三节 | 信任背书效应 |  | 124 |
|  |  | 文化膜拜效应 | 124 |
|  |  | 品牌认知效应 | 125 |
|  |  | 产品体验效应 | 125 |
| 第四节 | 变维竞争效应 |  | 127 |
|  |  | 降维打击效应 | 127 |
|  |  | 升维打击效应 | 130 |
| 第五节 | 商业生态圈效应 |  | 132 |
|  |  | 社群形成生态效应 | 132 |
|  |  | 产业环境生态效应 | 133 |
|  |  | 商务合作生态效应 | 134 |
|  |  | 产融结合生态效应 | 135 |
| 第六节 | 协同发展效应 |  | 137 |
|  |  | 产业链延伸效应 | 137 |
|  |  | 多点盈利效应 | 138 |
|  |  | 品牌输出效应 | 139 |
|  |  | 数据协同效应 | 140 |

### 第七节　产业道场效应 …… 141
　　正念效应 …… 141
　　正品效应 …… 142
　　弘道效应 …… 142

## 第五章 / 大东产业观光旅游设计实践

**案例一**　水牛稻田园公社产业观光旅游设计 …… 146
　　设计背景 …… 146
　　设计理念 …… 147
　　设计依据 …… 149
　　水牛稻IP体系构建设计 …… 150
　　核心区建筑景观规划设计 …… 155
　　项目投资设计 …… 164
　　运营策划设计 …… 165
　　研学教材设计 …… 169

**案例二**　蔡洪坊酒产业文化园产业观光旅游设计 …… 171
　　设计背景 …… 171
　　设计理念 …… 173
　　IP体系构建设计 …… 175
　　场景设计 …… 179
　　运营设计 …… 191

**案例三**　盛田百年粉坊观光工场产业观光旅游设计 … 200
　　设计背景 …… 200
　　设计理念 …… 201

商业模式重构设计…………………………………… 203

IP 体系构建设计 …………………………………… 205

博物馆设计…………………………………………… 209

鲜粉生产观光设计…………………………………… 214

观光工场建筑景观规划设计………………………… 215

导视系统设计………………………………………… 219

运营策划设计………………………………………… 220

参考文献 …………………………………… 225
后　记……………………………………… 227

# 第一章

## 国内外产业观光旅游分析

纵观世界发达国家，在社会进入休闲时代后，产业观光旅游都会应时应势迅速发展起来。在欧美、日韩等国家曾一度引起『观光工厂』『观光农场』的经济浪潮，『第一产业+第二产业，第二产业变第三产业，黑色变彩色』，与民生消费相关的产业观光旅游项目，早已成为新时代产业经营的新风标！

产业是随着人类社会的发展需要而诞生的，形成产业的生产资料、文化元素、科学技术、管理模式、生产经验、生产成果等，往往对我们的生活又具有很大的影响。

随着体验经济的到来，消费者对所消费产品的渊源，有着非常强的猎奇心理；随着休闲时代的到来，对产业经营活动进行旅游性商业开发，具有非常广阔的发展空间，也能让企业实现丰厚的经济效益和社会效益。纵观世界发达国家，在社会进入休闲时代后，产业观光旅游都会应时应势迅速发展起来。在欧美、日韩等国家曾一度引起"观光工厂"的经济浪潮，"第一产业+第二产业，第二产业变第三产业，黑色变彩色"，与民生消费相关的产业观光旅游项目，早已成为新时代产业经营的新风标！

据统计，英国大约有1000家工厂对游客开放，美国约有500家观光工厂对游客开放。产业支撑下的特色小镇、观光农场更是不计其数。

我国在十九大以后，休闲农业、特色小镇、田园综合体、美丽乡村等关键词频繁出现在中央一号文件里。观光工厂、观光农场也在全国各地频频爆出。

## 第一节
# 产业观光旅游的起源

产业观光的概念并非诞生于近几年,最早可追溯到1851年的伦敦万国工业产品大博览会、1867年的巴黎世界博览会。在这两次万博会上,近代手工作品、工业作品、工业设备及农业技术得到了广泛的展示,不但吸引了各国的政要、企业家,更吸引了大批的旅游者。从此,"产业观光"这个词诞生了。

20世纪50年代,西方发达国家最早进入后工业时代,很多工业企业为了凸显自己的行业地位,为了满足政要视察、招商合作的需要,开始为工厂设计专业的参观通道、文化展示馆等。如法国雪铁龙、雷诺、标致三大汽车制造商率先开发以参观汽车装配现场为核心的参观模式。

20世纪70年代,伴随着产品的极大丰富,品牌竞争与品牌宣传成为产业经营的一种常态。为了提升产业经营的竞争壁垒,西方发达国家一些有实力的企业开始把工厂风貌、企业文化、生产过程、科研成果、工作场景等展示给代理经销商和消费者,形成了工业旅游,这就是最早的产业观光旅游的雏形。

20世纪90年代,发达国家很多城市人均收入超过8000美元,这些城市较早地进入了休闲时代。休闲时代的到来，把工业旅游推到了高峰，像美国的波音飞机、德国的宝马汽车等都纷纷建设博物馆，建立和完善专业的旅游体系。工业旅游不仅只有大飞机和高端汽车的观光旅游，还有很多文化产业，食品加工产业，农业种植、养殖等纷纷跟进加入，迅速带动第三产业、第二产业融合，形成各种各样的产业观光旅游模式。

进入21世纪，越来越多的政府开始重视利用旅游来实现产业的腾飞发展。近几年来，美国制定并实施了"国家旅行和旅游战略"，日本提出了"观光立国战略"，法国实施了"旅游质量计划"，韩国确定了战略性观光旅游产业培养方案，德国、英国、俄罗斯、巴西、南非等国也纷纷以国家战略的形式，通过政府高位谋划推动旅游业深入发展。

各国各地都想以旅游业为纽带，发展交叉融合的地方产业体系，通过旅游带动当地的消费集聚和置业，促进旅游业与当地精细制造、生物医药、绿色健康食品以及文化等产业的融合发展，实现产业叠加的增值效应。

## 第二节
# 产业观光旅游在日本得到全面发展

2002年,在小泉内阁的主导下,日本开始走向了观光立国之路,并将"产业观光"定为基本国策之一。产业观光再一次被广泛关注。将艺术性、实用性、教学性融为一体,让人们了解产品的制造过程,称为工厂见学、农场见学。这是日本产业观光早期的定义。

## ◎ 经济危机中的转型之路

20世纪90年代发生在日本的经济危机是日本历史上最严重的经济危机,为走出这场经济危机,推进产业转型升级,日本政府提出了一系列的产业变革政策。政府认为,未来可以立国的产业类型应该是一种有机的、综合的产业,所以在提出产业立国、信息立国、文化立国和环境立国等方针的同时,又提出了实现以丰富多彩且具有魅力的旅游观光立国的构想。

日本中部经济产业局2006年3月连续公布了《实施产业观光的设施及企业调查》和《产业观光推进会议报告书》,其中提到了对产业观光将采取推进措施,并通过大力培养产业观光导游

人才来推进其发展。日本财团法人社会经济生产性本部能源环境教育情报中心在2006年9月提供的《设施参观手册》显示，日本的工厂、研究设施、情报设施、科学博物馆等参观学习体验场所有964所。

在山崎哲生和土肥真人的《关于大企业对产业观光的现状和课题的研究》论文中，他把产业观光分为五种类型：①工业参观旅游；②产业教育的工业参观和体验；③以引进外国游客为主要目的产业观光（技术旅游）；④对近代文化遗产的评价观光；⑤地方产业和传统工业观光。论文中还对产业观光的意义做了系统的综述。

山崎哲生和土肥真人认为，产业观光的意义在于：首先，通过产业观光，可以把先代的传统技术、工业技术发展传承下去；其次，产业观光的对象不仅是传统的观光资源，还涉及新概念的观光，即使以前跟观光无缘的地方也可以发掘出新型的观光产业；

再次,随着观光的多元化,人们对新类型的观光需求也越来越大,体验生产过程的旅游和参观近代历史遗产的旅游都跟产业观光有关;最后,产业观光是吸引国外游客的有利条件之一,能够推动日本经济转型升级,进而激活经济。他们认为产业观光不是传统意义上的旅游,而是一种融科学性、知识性、趣味性、历史性、技术性以及教育性于一体的互动性旅游。

> Ⅰ. **无形资源** 技术、技能、景观、设计、创意等
>
> Ⅱ. **有形资源**
> 1. 城市基础设施
> 土木性质的基础设施、运河、河川、港湾、铁路、道路、桥梁等
> 2. 产业
> 工厂、农场、市场、学校、医院、机关、住宅、商业娱乐设施(公共浴池、戏棚、赛马场、遗产和产业性质的博物馆等)
> 3. 产业设备、机器等
> 机械设备、工厂建筑、发电所、仓库、事务所、实验室等
>
> Ⅲ. **其他资源**
> 与Ⅰ、Ⅱ相关的各种记录、图纸、照片等(存档)
>
> **管理运作(资源)**
> 人才、资源的保护和活用机制(基金等)活用的技巧

**日本产业观光的资源和对象**

旅游观光立国的提出,让观光农场与观光工厂在日本遍地开花,成为日本经济危机后一个主要经济支柱产业。事实证明,日本观光立国产业的开拓,很快就吸引了全世界的游客,特别是韩国、美国和中国的游客。

## ◎ 日本产业观光旅游的开展方式

首先，日本在欧洲产业观光的理论上重新定义。他们将具备历史或文化价值的产业文化财富（旧机械器具、工厂遗址等所谓的产业遗产）、生产场所（工厂、厂房等）和产业制品作为观光资源，并通过以上资源来体验生产制造促进人际关系的观光活动。日本产业观光的概念包含以下四项：

第一，从狭义上的"技术"拓展到广义上的"全体产业"。

第二，从第二产业（制造业）拓展到第一产业（农林渔业）、第三产业（观光、服务业）等的所有产业。

第三，产业活动（工厂等产业基础设施）以外，也包括其他广义的城市活动。

第四，既包括硬件资源（有形资源），也包括软件资源（无形资源）。

其次，重新赋予产业观光旅游的内涵。他们依托自身的资源情况和业态情况，从下面三个方面来重塑产业观光新形态。

第一，通过自身创意开拓新业态。如日本川崎工厂夜景。川崎市位于京浜工业地带中心，是日本产业经济发展的重要支柱之一。市内工业发达，工厂密集。日间可欣赏化工、钢铁联合企业的厂房、烟囱、水塔、井架等的"结构美"，夜间可欣赏工厂群梦幻般的照明夜景。

川崎市是日本最早创意工厂夜景的五个工业城市之一，该市成功地挖掘了工业资源的延伸价值，丰富了产业观光的内容，并且当地企业自发设计夜景观光路线，增加产业观光者的观光体验感。当地企业也通过工厂夜景观光，提高了企业知名度和社会影响力。

第二，对已有业态进行修改、改良或改变业态。如日本长崎世界遗产漫游。长崎是九州岛的代表性观光城市，是日本最早进行对外交流、国际贸易的海港城市。长崎有世界遗产共计8处，设计有"游、通、学、食"四种行程。

"游"指的是观光者自己按照地图自由行走观光。"通"指的是有当地导游带领和讲解、有时间限定的观光。"学"指的是通过专家讲座，深入感受长崎的魅力。"食"指的是通过地方特色饮食、专家讲解等来体验长崎的风光。长崎成功地挖掘出世界遗产的价值，深度融入产业观光，并与"游、通、学、食"四种行程结合，让当地经营者积极加入，并让他们提供导游服务。

第三，将生产地和消费地结合起来的联合业态，属于合作型。如日本北九州市政府、工商会、观光协会联合创建的与产业相关的一站式服务。北九州市位于九州岛最北端。以北九州市为中心，形成了北九州都市圈和北九州工业地带两个经济区，是九州最具规模的都市圈之一。

该城市灵活利用北九州的地方资源（工厂群），致力于振兴与当地饮食和文化相融合的北九州市产业观光。北九州市成功地成为经济业界领头羊，扩大了市内企业的合作，还明确了市政府、工商会、观光协会三方协同的运行机制，促进很多民企开发出了产业观光相关的服务和商品。

**日本产业观光事例分析**

| 角度\类型 | 创意型 | 改良型 | 合作型 |
| --- | --- | --- | --- |
| 商业模式 | 地方观光对象的商品化，不构成价格竞争 | 地方资源的配套商品化模式 | 地方资源高附加值化的模式 |
| 发掘角度 | 需要专业、独到的眼光和思维，从企业自身发掘 | 从当地居民、消费者的视野来发掘 | 从政府、商业机构、商业团体、当地居民、消费者全体的视野发掘 |
| 目标群体要求 | 有个性需求 | 需随时把握观光者的需求 | 把握市场间隙，发掘深层观光需求 |
| 发展方向 | 模式推广 | 加强配套服务 | 提高合作水平 |

## ◎ 引发日本"第六产业"革命

经济危机以来，日本为了尽快走出经济困境，探索农业的多功能性，在实践上开始实施大规模的区域发展合作战略，积极开发包括农村旅游、区域加工合作在内的产业集群。这在一定程度上促进了城乡交流，带动了资本、人才流入农村，并为三种产业融合发展奠定了基础。

在产业观光旅游的背景下，日本东京大学名誉教授今村奈良臣在1996年提出，"第六产业"是一种现代农业的经营方式。它不仅包括初级农产品的生产过程，还包括食品加工、肥料生产以及产品流通、销售、信息服务等过程，从而形成了集生产、加工、销售、服务一体化的链条。通过"第六产业"的运作，农民能够和不同领域的人员合作，提高产品的文化附加值和科技附加值，从而缩小农业与其他产业的收入差距。

"第六产业"作为一场新的产业革命，其本质是三种产业的融合、创新和拓展的深化。它突破了原有的农业与旅游业、农业与生物制药等产业融合的边界，力图实现三种产业的一体化，以建立更大程度上的纵向产业融合组织。它需要依靠区域产业集群的力量来发展，由第一产业的种植、养殖、林业等结合第二产业的农产品原产地加工、制造，再延伸到第三产业的餐饮、教育、物流服务等，将三种产业的所有要素高度融合，进行生产方式的创新和盈利模式的重构，形成新的产业发展模式，这条新的产业链条形成的"第六产业"向我们展示出一座座产业观光工厂和观光农场。

通过这条链条，日本实现了收入差距缩小，农村发展活力增强的目标，解决了当时农业衰退的现象。农业生产、加工厂商、运输商、消费者之间的合作，使农民能够参与第二次利润分配，增加了农户的收入。同时通过将科技力量、文化内涵引入农产品，可以吸引高素质人才以及资本回流到农业，有助于实现新产业的发展与品牌的打造。

产业观光旅游的国策让日本经济实现了一定的软着陆，日本政府观光局发布的旅游统计数据显示，2014年访日外国游客人数比2013年增加了29%，达到1341.4万人次，他们在日本境内消费总额高达20305亿日元，创下历史新高。面对这样的利好形势，日本政府对已经提出的"2020年访日外国游客人数实现2000万"的目标更加坚定、自信了。

# 第三节
# 国外产业观光旅游发展分析

产业观光旅游是社会进入休闲生活时代与体验经济相结合的必然产物。欧美、日韩等发达国家早于我们十多年前就已经进入休闲时代。休闲生活与产业经营的完美结合，诞生了形形色色的产业观光旅游项目。

进入21世纪，随着大众旅游时代、移动互联网时代的到来，产业观光旅游从传统的工业旅游发展成为多产融合、文创主导、见学体验等多种形态下的生活方式，如特色产业小镇、观光工厂、观光牧场、商业观光等。

## ◎ 特色小镇成为产业观光旅游的集合体

19世纪60年代，工业化和城镇化的高速发展导致发达国家大城市人口过度集聚、拥堵不堪，但乡村出现了空心化。为分流大城市人口，很多国家把污染型、劳动密集型生产制造企业纷纷从大城市迁往乡村，启动产业转移带动下的小城镇建设。

随着产业小镇的发展，到20世纪70年代，西方发达国家重新规划产业小镇。他们把每个小镇的产业打造成有独特竞争力的小镇，这就是所谓的特色小镇。比如美国格林尼治的对冲基金小镇，一个镇上就有500多家对冲基金公司；加利福尼亚州的硅谷是高科技事业云集的科技小镇，集中了苹果公司、英特尔总部等；加州的门罗帕克小镇是美国风险投资基金的聚集地，它投资了纳斯达克一半以上的高科技公司。还有德国的英戈尔斯塔特小镇，它也被叫作"奥迪之城"，那里的奥迪工作人员就有3万多人。

随着休闲时代的到来，产业小镇不仅仅是产业聚集、富含产业竞争力的特色小镇，更成为产业观光旅游的特色小镇。

位于法国南部普罗旺斯区域内，尼斯和戛纳之间的格拉斯小镇，是世界上著名的香水小镇，有50多家香水制造工厂，并极大地带动了当地的花卉种植，年接待游客达300多万人。

新西兰皇后小镇，是以休闲体育运动作为产业本底发展起来的特色产业小镇。他们从最初的单一运动发展到专业运动体验，如今发展了综合性运动旅游，蹦极、蒸汽船、漂流、山地自行车、滑翔伞、跳伞、滑雪、高尔夫等各种户外运动也随处可见。皇后小镇常年运营的活动与景点超过220种，每年吸引全世界200多万游客，也吸引了无数来自世界各地的户外运动爱好者，被称为"户外活动的天堂"。

以文化产业为本底的还有位于西班牙安达卢西亚自治区龙达山区的胡斯卡小镇。2011年，索尼公司选择了这个山林小镇作为3D动画片《蓝精灵》的宣传制作基地。从此，这个小山村就被打造成了世界知名的"蓝色动漫小镇"，并把蘑菇种植与加工作为主要产业，每年吸引100多万游客来到这里。

以特色产业为主导的特色小镇，还有美国的好时巧克力小镇。好时镇拥有3家现代化的巧克力工厂，每年生产巧克力多达3300万颗，产量是世界第一。好时小镇有巧克力博物馆、巧克力主题乐园、巧克力主题餐厅和酒店等，每年游客也有数百万人。

世界上形成产业观光旅游的特色小镇非常多，如德国以机床制造业为主导的高斯海姆小镇、英国以飞机发动机制造业为主导的Sinfin（新芬）小镇和西班牙以服装制造业为主导的阿尔特索小镇。还有像加拿大倩美纳斯壁画小镇、日本柯南小镇的动漫IP产业小镇等充满艺术氛围的文化小镇。

从这些小镇的发展来看，60%左右的小镇是以某类生产加工或文化服务为主体的产业支撑起来的小镇；40%左右的小镇是以某类主题文化或艺术形成的文旅型小镇。

小镇和产业观光旅游相结合，形成"产业 + 旅游生活 + 文化艺术"的共融、共生、共享的发展模式，成为产业观光旅游发展的一种形态；反过来，产业观光旅游也成为小镇经济活跃发展的"发动机"，推动着小镇产业的融合发展。

## ◎ 观光工厂创新工业旅游模式

观光工厂属于工业旅游，但它是工业旅游的一种创新模式。

20世纪七八十年代，西方国家面临经济发展转型的压力，出现经济结构重组的现象，逐渐形成以文化为灵魂，以科技展现与工匠精神为核心的经济发展模式。

为此，世界上很多发达国家曾一度兴起建设"文化工厂""花园工厂"的浪潮，将冷冰冰的工厂建设得非常迷人，似花园、似博物馆、似乐园、似购物中心等，供消费者或游客实地体验参观，这就是"观光工厂"的由来。

"观光工厂"是一种将传统工厂与观光旅游有机结合的新型工业旅游方式，以工厂生产设施、生产流程、工人作业等工业生产风貌作为旅游项目，配以相应的解说、导览、DIY 体验等服务，让游客获取观光、休闲、科普、手工制作、购物等多元化体验。

在工业较发达的国家，观光工厂非常普遍，从飞机制造、汽车制造、船舶制造、电脑及手机制造、雪茄制造、陶瓷制造、服装制造、艺术品创造、食品加工、农产品加工、房屋建设等各个领域都有形形色色的观光工厂供游客参观旅游。

日本白色恋人巧克力饼干观光工厂，就是一座洋溢着英伦气息的欧式古典城堡式童话般的花园工厂。工厂里处处弥漫着香香甜甜的味道，像是一个糖果园。满园音乐响起的每个时段，所有形态可爱的卡通人物开始表演，活像一个迪士尼乐园。工厂每个区域都是一个主题乐园，场景感特别强，有儿童的，有情人的，有老人的，就像一个超大的剧场。

第一章 国内外产业观光旅游分析

提起安全套，总让人有种脸红心跳的羞涩感，但在2018年8月22日，台湾就有一家安全套观光工厂开始对外开放运营了。

台湾不二实业制造安全套已有40余年经验，亦创立了自有品牌劲小子、夫力士等，营销世界各地。其董事长游启政认为，当地民风保守，人民普遍对于性知识认识不足且该地缺乏适合的教学情境，因此将工厂转型为观光工厂，以轻松幽默却不失教育意义的方式，寓教于乐，传达安全套及两性教育是十分有益的。

从台湾工厂的经验来看，观光工厂让一批濒临倒闭的老字号重新焕发了活力。文化与工业生产的奇妙结合，给老工业企业注入了新的动能，赋予了时尚的面孔。随着产业的融合发展，在移动互联网时代的观光工厂，已经成为企业品牌认知与传播，产品体验与销售，社群的场景化链接，以及大数据的形成与产业延伸发展的重要方式。

## ◎ 休闲时代推动农业观光旅游

休闲农业已经有 150 多年的发展历史了,最早可追溯到 1865 年。意大利人喜欢绿色的田园,喜欢体验原生态的生活,到田园度假被奉为"绿色度假"。由此,意大利最早成立"农业旅游协会",这标志着农业观光旅游的诞生。

随着两次产业革命的发展,工业文明推动着农业的高速发展,休闲旅游与农业的结合,使世界各地知名的观光农业数不胜数,农业的观光旅游模式也是多种多样的,但从观光旅游的类型和商业模式上来划分,可分为生态度假型、产品文化体验型、科技展示型、亲子研学娱乐型等。

**生态度假型观光农业**

主要以独特优美的生态环境为本底,不以农产品销售为主,大力建设生态型的酒店、别墅,最终打造成农业旅游、养生度假的生态农业观光园。如德国的巴伐利亚农场,意大利的托斯卡纳

奥尔恰谷，美国的格雷斯农场，日本的南瓜森林，南非的天阶庄园，我国台湾地区的飞牛牧场、清境农场等。

**产品文化体验型观光农业**

主要以优质农产品的体验、品牌认知与传播为本底，来打造农产品的销售体验基地和农产品品牌孵化基地。如日本的MOKUMOKU（莫库莫库）农场、富田农场、田舍馆村稻田画，我国台湾地区的森林薰衣草庄园、橘之乡等。

日本MOKUMOKU（莫库莫库）农场以猪文化为主题，形成了100多种的猪肉产品进行开发销售，后又延伸至啤酒、面包等美食产品体验消费。

还有台湾橘之乡,以小金橘产品加工体验销售为主,形成的产品也是琳琅满目。

### 科技展示型观光农业

主要是以科技育种、物联网、高效农业等为本底,通过产业观光旅游来打造招商合作、育种销售和技术交流展示的基地。如新加坡的天空农场、荷兰的高效种植等。

### 亲子研学娱乐型观光农业

主要以农业种植养殖为本底,以亲子休闲互动、儿童娱乐、研学旅游为目的打造的农业园区。

世界上知名的亲子娱乐观光农业非常多,如德国的卡尔斯庄园、伊甸园等,澳大利亚昆士兰天堂农庄、布里斯班羊毛乐园等,日本的箱根农场、阿苏农场等。

在德国，3~6岁的幼儿亲子教育特别流行，他们叫"自然教育法"，亦称为"森林幼儿园"。蓝天下的牧场、牛羊和青草，花海的烂漫醉人，以及稻花飘香、鱼鸭成群，这些都是小朋友坐在教室里无法感受到的。

迷人的大自然取代了传统的教室，孩子们到户外活动，观察动植物，燃篝火，爬树，做游戏，画画，喂山羊、小兔子、小鸡、小鸭子，骑木马，荡秋千等，尽情地释放童真天性，还可以学习农耕知识。这些都是国外亲子研学型观光农业的亮点。

农业和亲子研学旅游相结合，不但为项目带来了源源不断的人气，还为项目带来了餐饮、娱乐、购物等综合方面的消费，实现了品牌传播、品牌认知，为项目的发展带来了无限的商机。

# 第四节
# 我国产业观光旅游发展分析

2009年全民"假日制度"的推出，使大众旅游兴起，我国旅游市场空前繁荣兴旺。党的十八大以来，按照国家《关于促进旅游业改革发展的若干意见》，"旅游+产业"发展模式，以旅游来推动新型工业化、信息化、城镇化和农业现代化，以达到对经济社会文化生态多方协同的改革目的，以旅游推动全区域、全产业的发展思路已全面融入国家战略体系。

在我国产业整体转型并继续深入推进经济结构转型的大背景下，观光旅游对推动产业结构调整，推动供给侧改革，推动区域经济发展等方面起着非常积极的作用。

随着大众旅游时代的到来，我国政府一直在极力推动产业与旅游融合的发展模式。近两年，以全域旅游为推手，我国各地在工业旅游、特色小镇、休闲农业、文旅地产等各个领域，都呈现了爆发式发展。

## ◎ "全域旅游"推动下的我国产业观光旅游大发展

2017年6月12日，国家旅游局发布《全域旅游示范区创建工作导则》，为全域旅游示范区创建工作提供了行动指南。2018年3月9日印发并实施《国务院办公厅关于促进全域旅游发展的指导意见》。

"全域旅游"的提出，是在我国快速进入大众旅游时代、产业全面转型优化升级、大连接与万物融合的背景下提出的。通过全域旅游的规划做"产业+旅游"的大发展，因为全域旅游是旅游业与各行业完全渗透的大蓝图。通过全域旅游，能够让第一产业、第二产业、第三产业快速进行融合。

全域旅游的核心是"推动农业、工业、商贸业等有关资源的旅游开发，全面推动产业融合，促进产业发展"。由此可见，全域旅游的目的是让产业和旅游相结合的一种发展模式，这也是通过产业观光旅游促进产业发展的大思维。所以，"全域旅游"是产业观光旅游的重要推手。

## ◎ 我国特色小镇建设与产业观光旅游的融合

特色小镇在我国并不陌生，丽江古城、束河古城、凤凰小镇、景德镇、平遥古城、黔阳古城、神垕古城、石佛寺玉雕古城以及乌镇、江南药镇等。这些小镇通过观光旅游，都不同程度地融合着酒店餐饮业、地方特产销售、地方特色产业发展以及文旅地产开发等。

我国2016年全国大多数省会城市城镇化率已经达到70%。因此，在2016年2月国家出台的《关于深入推进新型城镇化建设的若干意见》提出，加快特色小镇发展，发展具有特色优势的休闲旅游、商贸物流、信息产业、先进制造、民俗文化传承、科技教育等魅力小镇。

2016年3月，《国民经济和社会发展第十三个五年规划纲要》

提出，加快发展中小城市和特色小城镇，因地制宜地发展特色鲜明、产城融合、充满魅力的小城镇。

2016年7月1日，住建部、国家发改委、财政部联合发布通知，决定在全国范围开展特色小镇培育工作，提出到2020年计划培育1000个左右各具特色、富有活力的休闲旅游、商贸物流、现代制造、教育科技、传统文化、美丽宜居等特色小镇。

国家发展特色小镇的目的，是以产业集聚为核心的创新创业平台，提升我国城镇化质量和促进城市与区域协调发展。

从城镇化发展的大格局来看，特色小镇是有效促进形成大中小城市协调发展的重要抓手，是优化人口流动与分布格局的重要驱动力量；从乡村振兴和城乡融合看，特色小镇具有承担城乡融合发展的天然区位优势，可以有效发挥战略支点作用，带动乡村实现振兴发展；从产业转型升级看，特色小镇可以通过特色资源的集中化开发，形成特色产业集群和创新创业平台，产生经济增长新动能；从文化传承与创新看，特色小镇是彰显历史文化资源魅力，打造文化旅游体验目的地，促进文化与相关产业融合发展的有机载体。

我们看国外的特色小镇，他们主要以主题产业为特色，首先形成富有特色的产业竞争力和人才竞争力，因"才"引"财"，聚集人气；然后，再和旅游结合，形成产业观光旅游型的特色小镇。而我国特色小镇建设，多为房地产开发为主，以文旅为题，体现的是文化的特色、建筑的特色，少有从产业特色上下功夫。

没有特色产业本底的特色小镇，因旅游而旅游，因建设而建设，就像釜底抽薪，缺乏基础的发展动力，没有发展活力，在后期招商运营时，就容易沦落为"鬼城"。

但让我们惊喜的是，我国非常多的产业聚集地正在响应国家特色小镇建设的号召，以特色产业为主导来建设特色小镇。这些特色产业包括陶瓷产业、玉器产业、针织产业、养老产业等。

## ◎ 我国工业旅游推动下的观光工厂发展

我国工业旅游起步较晚，在 20 世纪 90 年代末才有少数实力较强或独具特色的企业集团出于营销目的推出一些参观项目。

谈起我国的工业旅游，制酒企业可谓是先锋，因为"酒"需要悠久的历史文化来为品牌背书。如青岛啤酒厂、茅台酒厂、五粮液酒厂、杏花村酒厂、古井酒厂、张裕卡斯特酒庄等都是较早实现工业旅游的企业。

再者就是学习国外，把一些废弃的老工厂遗迹进行艺术化改造，这也是我国早期的工业旅游项目。如北京 798 创意园、上海 8 号桥、滨江创意园等。

2017年11月27日，第二届全国工业旅游创新大会在湖北黄石举行。国家旅游局发布全国工业旅游创新发展三年行动方案：到2020年前，我国将培育100家国家工业旅游示范基地和国家工业遗产旅游基地，带动引领全国工业旅游大发展。三年行动计划目标是到2020年，工业旅游接待游客量达2.4亿人次，旅游收入超过300亿元。

在此次工业旅游发展高峰论坛上，中国地质大学旅游发展研究院教授邓宏兵发布了《中国工业旅游发展报告》。报告中提到两大成果，分别是迈向3.0新时代的中国工业旅游和中国城市工业旅游竞争力百强榜。标志着我国工业旅游大发展的时代已经到来了。

工业旅游作为产业观光旅游的一种形态，对推动产业观光旅游有非常大的推动作用。它可以利用工业园区、工业展示区、工业历史遗迹等开展产业观光旅游，促进特色城镇化的发展。积极发展商务会展旅游，完善城市商业区旅游服务功能，开发形成有特色的产业观光旅游项目。

在工业旅游热潮的推动下，近几年观光工厂正在悄悄兴起。

"观光工厂"是万物融合时代、移动互联网时代的"新物种"，它以全新的、萌萌的工厂主题形象面世，受到广大游客与消费者的青睐。

观光工厂能使传统工业企业展现出新的生机和活力，不仅可以提高经济效益，扩大产品和品牌的影响力，还可以丰富旅游产品、完善旅游产业链条，是工业和旅游融合转型发展的方向。

我国福建省为推进旅游供给侧结构性改革，省旅发委借鉴台湾地区的发展经验，对工业旅游进一步精准定位，引入"观光工厂"概念，

于 2015 年在全国率先推出观光工厂旅游这一新业态，成为传统产业转型、提升、突破的新途径。

截至 2018 年底，福建全省评出观光工厂 71 家，涵盖食品、制茶、酒业、玉石、陶瓷、家具、雕刻、鞋服、玩具等企业，种类丰富。如古龙酱文化园、鼓浪屿食品观光工厂、永春老醋观光厂、妙吉祥香道观光工厂、太古可口可乐饮料观光工厂、蓝湾海洋多糖科技园观光工厂、霞浦钦龙水产养殖观光工厂、青蛙王子观光工厂、通士达灯饰观光工厂、八马茶叶观光工厂、七匹狼服装观光工厂等。

笔者考察过福建 20 多家观光工厂，通过和国外观光工厂比较发现，多数观光工厂在设计创意、基础建设规模方面，都舍得投入，每家工厂都建设得比较漂亮。

但在软实力方面，比如 IP 创作、文化体验、DIY 及产品体验等方面，还有很大的差距。

国内的观光工厂缺乏专业的运营团队，缺乏营销体系和运营体系，很多观光工厂都需要预约参观，平时一般不开放，没有形成系统化的观光旅游体系。

和国外观光工厂相比较，国内的产品研发、品类创新和产品衍生能力较弱，导致产品丰富度不够，满足不了游客购物的需求，致使观光工厂盈利能力减弱。

## ◎ 我国休闲农业推动下的产业观光旅游发展

2015年中央一号文件再次聚焦加快农业现代化建设，提出推进第一、二、三产业融合发展，提出乡村生态休闲、观光农业的思路，提升农业附加值，加快农业供给侧改革。

2017年5月25日《农业部办公厅关于推动落实休闲农业和乡村旅游发展政策的通知》提出，促进休闲农业和乡村旅游业态多样化、产业集聚化、主体多元化、设施现代化、服务规范化和发展绿色化。

为了深入贯彻党的十九大精神，认真落实《中共中央、国务院关于实施乡村振兴战略的意见》关于"实施休闲农业和乡村旅游精品工程"的决策部署，促进农业高质量发展，加快培育乡村发展新动能，农业农村部于2018年4月决定开展休闲农业和乡村旅游升级行动。

2018年我国休闲农业和乡村旅游接待超30亿人次，营业收入超过8000亿元，较2017年的5550亿元增长45%。至此，我国休

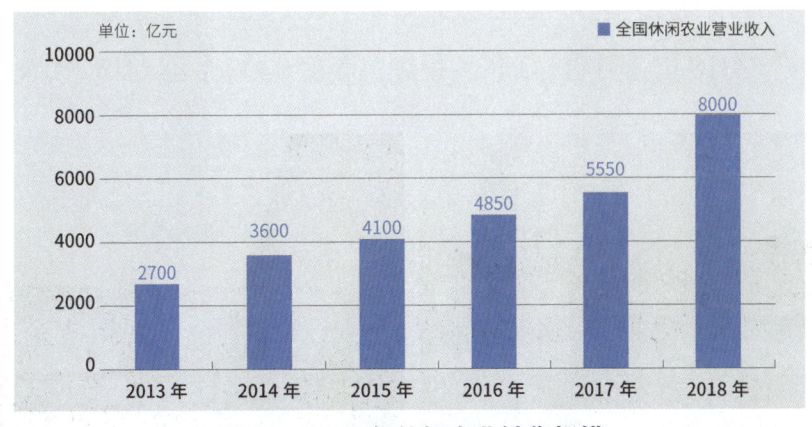

2012—2018年休闲农业销售规模

闲农业已经成为新的风口产业，休闲农业推动下的产业观光旅游则呈现爆发式增长的趋势。

随着我国休闲农业的高速发展，近几年形成的产业观光旅游模式也多样化起来，包括田园综合体、美丽乡村、观光农场、观光牧场等多种形态。其中，目前我国最流行的休闲农业应属田园综合体。2017年2月，中央一号文件首次提及"田园综合体"。2017年5月，财政部印发了《关于田园综合体建设试点工作的通知》，指出积极探索推进农村经济社会全面发展的新模式、新业态、新路径。2017年6月，财政部又印发了《开展农村综合性改革试点试验实施方案》，并发布了开展田园综合体建设试点的通知，决定从2017年起在有关省份开展农村综合性改革试点试验、田园综合体试点。2018年1月，首批148个国家农村产业融合发展示范园创建名单公布。9月，中共中央、国务院印发了《乡村振兴战略规划（2018—2022年）》，提出要推进农业循环经济试点示范和田园综合体试点建设。

我国最早的田园综合体示范项目，也是我国田园综合体的先行者，是位于江苏无锡阳山镇的田园东方。

田园东方投资50亿元建成国内首个大型田园综合体项目。该项目于2016年3月启动，项目规划总面积6000余亩。集现代农业、

休闲旅游、田园社区等产业为一体,倡导三产融合、人与自然和谐共融与可持续发展,实现生态农业、休闲旅游、田园居住等复合功能与叠加效益。

自"田园东方"之后,我国田园综合体申报与建设可谓遍地开花。田园综合体是农业种养殖、农产品加工、乡村民宿、乡村民俗娱乐、乡村旅游、养生养老、研学等诸多产业相融合发展的综合体,非常符合我国农业现阶段三产融合以及产业观光旅游的发展。

田园综合体的核心是"综合"二字。从无锡的田园东方、河北的花乡果巷、成都的多利农庄等来看,少则投资十亿八亿,多则数十亿、上百亿。田园综合体要想成功,对投资人的产业规划能力、运营把控能力、资本运作能力、资源整合能力等更是要求很高,所以,切勿盲目跟风,否则很可能以失败告终。

美丽乡村建设不仅能够解决农村的生态问题、产业问题、环境问题、文化问题,也可以促进农业现代化、农业供给侧改革、三产融合和农业产业观光旅游等的发展。

2018年4月,农业农村部科教司对外发布中国美丽乡村建设十大模式,分别为:产业发展型、生态保护型、城郊集约型、社会综治型、文化传承型、渔业开发型、草原牧场型、环境整治型、休闲旅游型、高效农业型。

十大模式的发布,为我国农业产业观光旅游的发展,指明了创新方向。可以是一村一品、一乡一业的产业发展与产业观光旅游模式,也可以是生态保护、城郊集约的养老、养生产业观光旅游模式,还可以是文化传承、民宿休闲的乡村观光旅游模式。

利用农业和农村空间发展旅游农业,不仅有助于扩大农业经营范围，促进农用土地、劳动力、资金等生产要素的合理调整，提高土地生产率和劳动生产率；又可以带动餐饮、交通运输、农产品加工等行业的发展，增加农业生产的附加值。

我国虽然农业观光旅游发展没有国外早，但发展速度惊人，到2018年底我国休闲农业项目达33万之多。我国农业观光旅游的优势是不缺客源，土地广阔，地域文化丰厚。但在发展过程中，也出现了一些问题：第一，缺乏科学的策划、规划，商业模式不清晰，定位不精准，盈利能力太弱；第二，缺乏专业的运营团队，品牌运营能力太弱；第三，刚从浮躁和粗犷的经济发展模式中走出来，投资中仍浮躁、求大、求热闹，很多项目投资过大，但做得很粗糙；第四，很多项目在发展过程中丢失产业本底，将以产品为主变成以旅游为主了。

## 第五节
# 我国产业观光旅游的痛点分析

随着我国旅游产业的蓬勃发展,产业观光旅游项目也是发展迅猛。但我国产业观光旅游目前仍然处于初级发展阶段。大量的企业都在迷茫中徘徊。一部分企业并未认识到产业观光旅游的价值。一部分企业稍微了解到一些产业观光旅游的价值,但由于怕失败,以"活着"为借口,不敢把产业经营和观光旅游相结合。还有一部分企业能够认识到产业观光旅游的价值,也在尝试着做,但因为缺乏经验,只是形成了一些观光要素。所以,目前很多企业不熟悉产业观光的规律,"没想到干""不想干""不会干"的现象比较普遍。

因此,做产业观光旅游项目多数存在"文创面"和"运营面"两个方面的不足(见下图)。

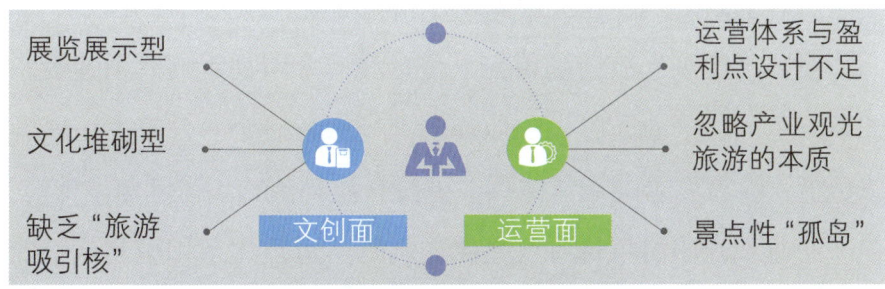

中国产业观光旅游痛点分析图

## ◎ 缺乏文创的产业观光旅游

我参观过非常多的工业旅游项目，多数都是设计一个文化长廊或者博物馆，生产环节建设一个观光走廊，然后再把企业文化、企业荣誉、企业产品展示出来，就挂牌成为×××工业旅游景点了。

我国的产业观光旅游项目，特别热衷于做文化长廊或者建设博物馆，收集点老照片、老物件，结合企业的各种活动掠影、各种荣誉证书及奖杯，再把区域的历史故事、产业故事搜集一排，堆砌在一块，来彰显企业的文化创意，缺乏从企业和产业的维度来继承和创意文化。产业观光旅游项目不但要让文化物态化，更要让文化活态化，甚至是动漫化或二次元化，创意出和时代接轨，让消费者喜爱，让消费者参与其中，能够互动娱乐的新文化。

文化创意不但是一个企业的灵魂，更是一个产业观光旅游项目的灵魂，好的文创能够快速点燃游客的热情，形成极大的吸引力。没有文化创意，没有娱乐互动，没有产品体验的产业观光景点很难形成"旅游吸引核"。

## ◎ 缺乏运营的产业观光旅游

"运营面"的问题主要体现在人流与盈利能力的不足上。

很多产业观光旅游项目在一开始就不太重视运营体系建设，如有的工厂、产业园区、农业基地观光旅游搞个办公室主任或副总负责，没有完善的运营体系，更没有盈利模式和盈利点设计。

产业观光旅游项目本身是会盈利的。运营体系和盈利点设计的不足，会造成产业观光旅游项目成为企业的负担和包袱，开放的越多亏的越多，最后沦为不对大众开放，只接待政府领导和合作商的项目。

纵观欧美、日韩的产业观光旅游项目建设的本质，是解决社会大众对品牌的孵化与认知、对产业技术的科普研学、对产品的深度体验消费和网红式的传播。反观我国的多数产业观光旅游项目，工业旅游是基础的参观模式，农业观光旅游项目做成农家乐、农场游园等，很少是从品牌孵化、品牌认知、品类创新、产品体验上下功夫。更有甚者为了旅游而旅游，光想着做景区，把产业的本质和投资的初心完全忽略了。

"运营面"的不完善，导致产业观光旅游项目人流不旺、盈利不强、品牌认知与传播不理想；不能达到做产业观光旅游的预期，最终形成挂着观光旅游的名，不温不火地做着生产经营，不能实现产业观光旅游给地方和企业带来的叠增效益。

## 第二章

# 新时代产业观光旅游的价值使命

处于产业经济大转型、大升级、大优化的时刻,如何赋予产业观光旅游以新内涵,如何重新定义产业观光旅游,成为各界学者和产业经营主们共同探索的发展方向。

所谓产业观光,早期主要是指将产业的生产场所、生产过程、生产成果、管理经验作为旅游资源,吸引人们前来参观、访问、学习、考察和购买产品。随着产业不断融合发展,产业观光旅游的内涵也越来越丰富。今天的产业观光是多产业融合发展下的观光旅游模式,不能简单地用"工业旅游""农业观光""田园综合体""商业综合体""研(游)学观光""养生观光"等词概括。在万物融合、万众创新的今天,我们要重新定义产业观光旅游的内涵。

# 第一节
# 产业观光旅游的内涵

## ◎ 产业观光旅游新内涵

产业观光旅游所指的产业，狭义上指的是农业、工业、商业、教育、科研等资源对象与生产经营活动，在产业观光旅游时被看作是一种生产活动。

将生产活动如各种产业生产加工现场、工业、农田水利设施设备，以及各种商业经营场所（如大型主题餐饮、商场、物流市场等）、文化教育场所（各个大学或主题教育，如"英语岛""体育公园"等）拿来观光，让游客参观、研学和探秘等，称为"见学"。

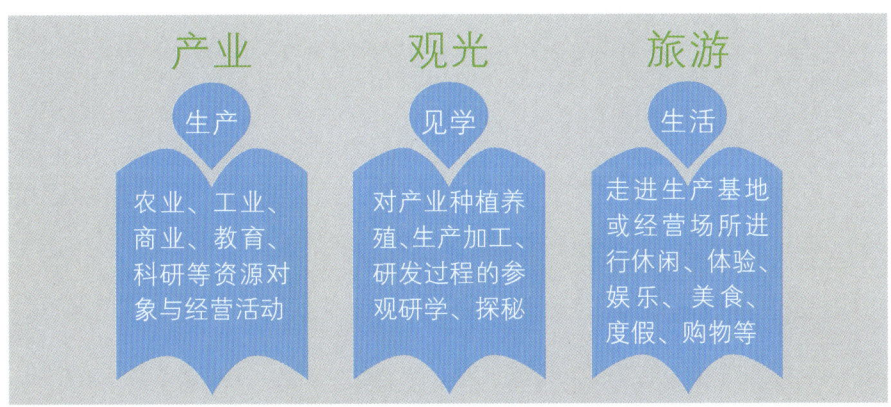

产业观光旅游内涵分析图

见学型观光是让游客走进生产经营场所进行休闲、娱乐、体验、美食、度假、购物的一种主题产业体验型生活方式。

所以，在大众旅游时代，产业观光旅游的新内涵是生产、见学、生活三者融合的产物。

## ◎ 产业观光旅游与人文自然景区旅游的区别

产业观光是基于产业经营之上的品牌认知传播和产品销售模式。而观光旅游产业是基于自然、文化、度假所形成的旅游资源营销模式。今天，我看到很多休闲农业、工业旅游项目、田园综合体、美丽乡村、特色小镇等大面积亏损，是因为很多项目的建设都在模仿人文自然景区的打造模式，很少能从自身项目的本质属性上来思考。

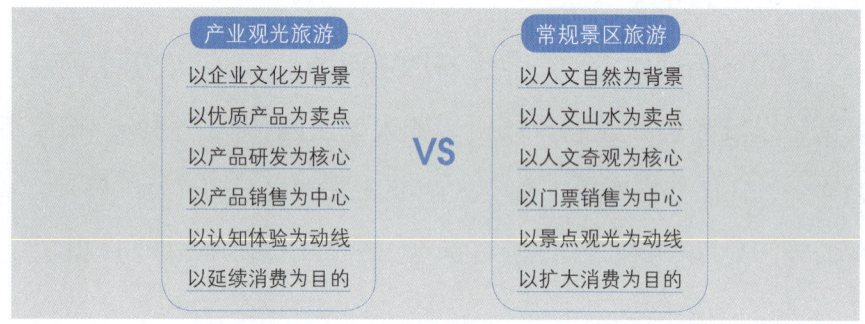

产业观光旅游与常规的人文自然景区的区别

产业观光和常规景区看起来很相似，都是旅游景区。但二者在"项目背景、项目卖点、产品打造、产品销售、观光动线、项目运营"等诸多方面都有本质的区别。

在项目背景方面，产业观光旅游以企业文化为背景，而自然或人文景区则以人文自然为背景。企业文化是一个组织的价值观、信念、仪式、符号、处事方式等组成的其特有的文化形象，是企业的灵魂，是推动企业发展的不竭动力。人文自然景区大都是以自然的鬼斧神工和历史遗留的文化财产为背景。

在项目卖点方面，产业观光旅游以优质的产品为卖点，具有匠心文化和独到精美的产品，就能成为产业观光的吸引核。没有优质的产品，产业观光旅游就是空心化的观光点，让游客失望至极。而人文自然景区旅游则以文化遗产、山水景观为产品卖点，只要文化够神，山够险峻，水够清澈就会源源不断地吸引游客。所以，产业观光旅游是以不断研发好产品为核心，而人文自然景区则是以不断开发具有吸引力的世间奇观为核心。

在产品销售方面，产业观光旅游以产品销售为中心，把产业观光当作产品销售体验的道场来打造。而人文自然景区大多以门票和度假延伸销售为中心，通过不断提高门票价格或扩大门票销量，延伸扩大消费来实现景区的营利性增长。

在观光动线方面，产业观光旅游以认知企业文化、认知生产工艺、认知科学技术、认知产品优劣为观光旅游的动线。

在运营目的方面，产业观光旅游以延续消费为目的。通过产业观光旅游，让游客变成会员，变成忠实的消费者，实现对品牌的认可度和忠诚度，然后通过网络商城、网络社群等不断地下单延续消费。而人文自然旅游景区的运营目的，是通过不断地提升景区吸引力，不断地扩大景区的盈利点，来实现项目巨大的盈利。

## ◎ 产业观光旅游与传统的工业旅游的区别

今天我们也看到很多工业旅游项目做得不温不火，多数工业旅游项目的运营也是亏损的。原因是什么？传统的工业旅游大多是以工厂文化形象为主的参观模式。而产业观光是农业、工业、商业多产融合下的品牌认知和商品销售的商业模式。

第一，产业观光旅游主要体现第一、第二、第三产业的融合发展，或者第二产业、第三产业的融合发展，是一种多产业融合模式，展现的是产业链型的跨界整合模式。国内传统的工业旅游多数是单产业的参观模式，展现的是企业的规模和市场份额等。

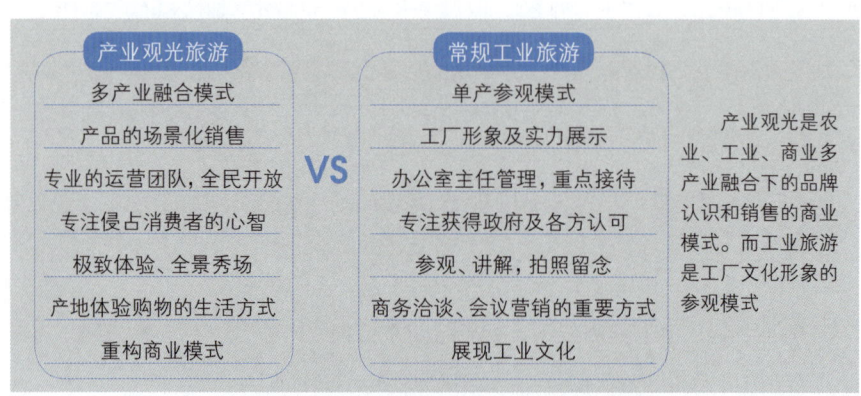

产业观光旅游与常规的工业旅游的区别

第二，产业观光旅游项目主要是通过IP文化形象打造，通过场景化的模式展现一个工匠的、爱心的、艺术的、萌萌的故事场景。从软实力方面，展现出文化的自信，来打造一个唯美、幽默、娱乐的产品销售场景，比如古老的作坊、粗糙的茅屋、简单的棚子等，都会成为游客喜欢的观光场景。而多数工业旅游项目，旨在展现企业的工厂形象和实力，建设高大气派的办公楼、气势宏伟的厂房或者高大上的游乐场所等，从重资产方面来构建工业旅游的自信。

第三，产业观光旅游项目一般都要建设专业的运营团队，系统化地来运营产业观光旅游，并实现观光旅游本身的综合盈利。所以，在招商管理、游客营销管理、活动策划管理、产品规划销售，以及盈利模式等方面全方位运营观光旅游，并对全民开放，大力推广，广泛链接，形成一种生活观光型景点。但常见的传统工业旅游项目，企业在一开始的定位是不考虑盈利的。所以，不会建设专业的运营团队，制定系统化的运营方案，往往是由企业办公室主任一人兼管并负责重点接待，一般不对外开放。

第四，产业观光旅游是以市场为导向，通过产业观光旅游让消费者认知企业的文化、工艺、责任、产品等，目的在于让企业的产品和品牌印到广大消费者的脑海，并打动消费者的心灵，获得消费者的心智，实现品牌的传播和产品的销售。而传统工业旅游一般以政策、商务合作为导向，通过工业旅游接待各级领导，接待商务伙伴，极力获得政府及社会各方的认可，提升企业的知名度和美誉度。

第五，产业观光旅游从企业的产品出发，一切围绕品牌及产品的体验度来下功夫。让游客走进园区，从文化、生产、参与、互动、场景秀、朋友圈分享等各个维度来打造消费者的极致体验感。常规的工业旅游一般都是单调的流程参观、导游讲解，最后是拍照留念。

第六，产业观光旅游从市场需求出发，为游客和广大消费者打造一个产地体验购物、休闲消费的生活方式，然后是为商务合作提供营销道场。常规的工业旅游主要以商务合作参观、会议营销为主。

第七，产业观光旅游是依托休闲时代巨大的旅游红利，结合体验经济的特点，来为企业重构商业模式，打造具有竞争力的产业经营模式。但常见的工业旅游主要向游客展现工业文化，对企业的商业模式没有太大的影响，更不会对企业的商业模式起到重新构建的作用。

## 第二节
# 产业观光旅游的逻辑思维

随着大众旅游、移动互联网、物联网、物链网、大数据、人工智能时代的到来，万物融合，跨界创新，已成为各个产业创新型发展的趋势。产业观光旅游是多产业融合下的产物，顺应时代的发展，我们应该重新定义产业观光旅游的逻辑思维。

## ◉ 产业观光旅游的逻辑思维

未来经济形态是一个"新物种"层出不穷的时代，产业观光旅游就是既促进"新物种"诞生，又为产业经营服务的一种逻辑思维。

产业观光旅游的逻辑思维
- ▸ 跨界融合构成新的物种
- ▸ 用超级 IP 来萌化的新业态
- ▸ "观光"成为品牌传播的重要手段
- ▸ "旅游"成为产品营销的渠道之一
- ▸ "观光基地"成为企业"布道施法"的场所

三大产业化合"新物种"形成图

产业观光旅游区别于其他观光旅游，是多产业融合创新下的新业态模式。集第一产业"农业、林业、渔业、牧业等"，第二产业"加工业、制造业、采掘业、地产业等"和第三产业"零售业、酒店业、教育、体育、养老等"于一体，形成"一＋二＋三＝六"产业的三大产业化合经济"新物种"业态。这种被称为"第六产业"的新业态，体现出了"观光文创＋体验＋见学＋娱乐＋生活"的多重价值元素融合创新，最终形成新的物种。

所以，产业观光旅游的逻辑思维是：（1）跨界融合构成的"新物种"，第一、第二、第三产业融合，或者第二、第三产业融合等。（2）用超级IP来萌化的经济新业态。整个业态形象非常萌动，是文艺的、萌萌的、搞笑的等。（3）观光的目的不只是见学，更是打造品牌传播的网红型场景。（4）旅游是一种生活方式，让这种生活方式成为产品体验销售的重要渠道之一。（5）把观光的基地打造成一个有声有色的企业品牌和企业文化"布道施法"的场所，实现文化朝圣，达到产业品牌腾飞的目的！

## ◎ 产业观光的"新物种"变异法则

产业观光旅游是催生产业"新物种"诞生的一种形式，通过产业观光旅游实现产业的跨界创新，实现企业商业模式的重新构建，是导致产业经营"新物种"变异的法则。

产业观光旅游让产业经营的各个场景，无论是生产加工的场景，还是产品设计的场景、网络商城的场景、网络传播的场景等，都会充满非常丰富的想象力。如某个观光工厂：既是一个奇幻的工厂，还是一个美丽的景区，一个亲子的乐园，一个美食天地，

产业观光旅游的"新物种"变异法则

又是一个迷人的、萌萌的世界……

产业观光旅游还是一种场景化的革命,它通过场景化的打造,可以实现品牌的场景化传播,产品的场景化销售。实现线下体验式销售、线上延续性销售和其他渠道的商务化连接销售等,最终实现基地、网络、渠道的块状化销售链接方式。

产业观光旅游通过超级IP的创造和场景化打造,会极大地改变产业的原有商业面孔,会让产业经营更有美学力,更有感染力,更有传播力。

产业观光旅游还会使产业经营形成"新物语",是文艺范的,萌萌的,是工匠心的,还是智能狗的……这些"新物语"的形成,必将成为产业经营自己的话语体系和品牌故事的叙述方式。

场景实验室创始人吴声道出了"新物种"的商业法则:引领是最好的时代,跟风是最坏的时代,未来十年没有进化成新物种的企业,将在竞争中消失。新物种意味着新的商业模式,也意味着能创造巨大潜力的新品类和极致单品有机会迅速成为细分领域中的领头羊。

## ◎ 产业观光旅游的核心价值

产业观光旅游区别于其他观光旅游，它们之间最大的不同就是核心目标不同。产业观光旅游的核心是产品。

《降维打击》的作者是大米科技品牌创始人杨建先生，他在书中着重强调"产品中心模式"，他说："管理、战略、技术、营销、产品，哪项最重要？回答是：产品！因为在互联网思维里，降至一维，唯剩产品，好产品就是最大的营销。"

所以，产业观光旅游的核心价值，就是以不断创新的好产品为基础，让好产品来驱动消费者的心智。

而体验经济的内涵就是顾客为王，产业转型企业重生的关键，就是要研发创新出让消费者尖叫的产品，主要表现在产品的研发创新和品类延伸、衍生上，通过产品的研发创新，来增强产品的体验功能，满足消费者的精神需求。只有让消费者得到极致的产品体验，并在体验中对产品进行场景式观光和感受，消费者才会对产品的品质、品牌理念、企业文化有深刻的认同，对企业和品牌产生很高的忠诚度。

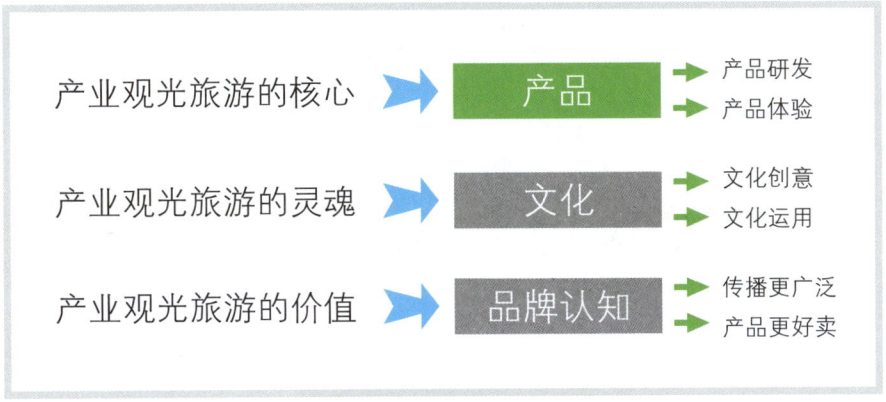

**产业观光旅游的核心价值**

产业观光旅游的灵魂是文化。其通过文化的传承与创意，让文化活态化、物态化、业态化；通过创意和运用，让文化为产业赋魂，为产业赋能！

产业观光旅游最终实现的价值，是让更多的人来观光旅游，让更多的游客成为媒介，让更多的人来认知我们的产品、认知我们的品牌，进而让品牌传播得更广泛，产品更好销售。

## ◎ 产业观光旅游的核变效应

产业观光旅游是多产业融合创新＋场景化观光＋体验性消费＋网红式传播。通过产业观光旅游，有利于打造产业的核心竞争力，快速实现产业品牌化发展，让企业进入高附加值盈利状态。从而带动区域产业聚焦与三大产业融合发展，有利于激活区域经济，丰盈地方税收，扩大地方就业，形成产业生态化发展模式。所以，产业观光旅游融合发展的产业模式，能够形成化学反应，产生核聚变，实现产业经济效益和社会经济效益的核聚变效应。

融合性创新＋场景化观光＋体验性消费＋网红式传播

化合反应

实现产业经济效益和社会效益几何倍增的核聚变

**产业观光旅游的核变效应**

# 第三节
# 迷人的观光工厂旅游

## ◎ 丰富旅游业态

随着社会进入大众旅游时代,人们对于休闲旅游产品的需求也变得多样。产业观光旅游基于此,从吃、住、行、游、购、娱、修、学、养等多种元素入手;从乡村建设、城镇建设以及荒坡荒沟、滩涂河流改造等多种资源入手;从农业、工业、商业以及科研、教育等多方面产业入手,全方位创新、丰富、发展旅游新业态,以满足人民日益增长的休闲旅游生活需要。

我国全域旅游的深入发展推动了产业观光的发展,而产业观光旅游也深度丰富了全域旅游的内容,有着丰富旅游业态的价值使命。

## ◎ 推进产业转型升级

当下,我国正处在产业大经济转型升级阶段,产业观光旅游能够推进企业依据休闲时代的消费特点,从供给端进行改革,使企业在市场发展中满足消费者的价值诉求。

产业观光旅游的核心内涵就是全程场景是以消费者的需求

为中心，达到消费者全程体验消费的目的，实现企业的市场价值，从而实现企业、产业优化升级与转型升级的价值使命。

## ◎ 促进产业品牌建设

2017年5月10日，我国迎来了第一个"中国品牌日"，品牌日的确立标志着企业的品牌意识不断加强，开始注重企业文化的塑造。我国已拥有诸多具有全球影响力的企业品牌。2015年全球500强企业中，我国有106家，仅次于美国。数量庞大、门类齐全的品牌企业，将是我国发展产业观光旅游的主力军。

在大休闲旅游时代，通过产业观光旅游平台，企业在和消费者面对面的互动参与中，不断打磨新品质、创意新产品、创意新理念，生产出消费者喜爱与追捧的好产品，形成口碑化传播，形成好品牌。

所以，产业观光旅游对企业品牌的建设有一定的促进作用。由此可见，产业观光旅游在提升国家软实力，促进国家品牌建设等方面具有一定的价值使命。

## ◎ 帮助企业重构商业模式

企业在每个大的发展阶段，都要重新构建自己新的商业模式，才能重生和延续发展。

产业观光旅游，是依据大休闲旅游时代消费者的新生需求，为企业重新构建符合时代发展趋势、符合消费者增长需要、符合企业转型需要的商业模式。

## ◎ 引领产业场景化革命

随着 O2O 的普及和移动互联网的迅速发展，随着人们对美好生活、艺术生活的不断追求，以场景为依托的各种商业形态陆续出现。

场景化时代已经到来。在场景化时代里，"场景"不再是一个简单的名词，而是重构人与商业的链接。

场景是新的体验，伴随着新场景的创造；是新的流行，伴随着新的洞察；是新的生活方式，伴随着新场景的流行方式。产业观光旅游从创造场景流开始，从观光景点的美学角度出发，设计创意最美的场景，供游客观光体验；设计最快乐的场景，供游客参与互动；设计最艺术、最酷感的产品，供游客体验购物。

所以，场景化设计是产业观光旅游的基础，具有引领我国产业场景化革命的历史使命。

## 第三章

## 新时代产业观光旅游如何设计

未来的规划设计师,需要跨界创新,不但需要专业的设计知识,更需要敏捷的商业思维。一切源于设计,设计师要和这个伟大的时代不断对话!

到 2020 年，5G 生活、移动互联网、大数据、人工智能将颠覆我们的生活和社会。万物融合下的创新，也将颠覆传统的规划设计理念。

设计的边界正在逐步模糊，二维设计、三维设计、空间设计、景观设计、建筑设计、包装设计、广告设计、平面设计、VI 设计等，都在产业边界、需求边界的模糊下变得越来越模糊。

未来的规划设计师，需要跨界创新，不但需要专业的设计知识，也需要敏捷的商业思维。所以，规划设计单位也不再是简单的画图工具，应该洞悉未来，融合创新。在产业观光旅游设计方面，要先做策划后做规划，帮助甲方从宏观层面设计商业模式，中观层面设计品类创新，微观层面设计品牌定位，然后才是场景设计和观光旅游专项设计。

新时代产业观光旅游设计，需要从项目的顶层设计开始，从国家政策的发展方向、未来业态的发展趋势，到企业的战略定位，到项目的主题文化创意、场景创意设计，再到项目的文化观光认知、生产观光认知和产品体验认知等，最后是线下体验和线上链接的运营设计，形成产业观光旅游可落地、可运营、可发展的规划蓝图。

# 第一节
# 开展产业观光旅游的时机与条件

## ◎ 开展产业观光旅游的时机

改革开放以来,产业发展总是随着经济周期的变化而变化,每个周期都会形成新的发展主题,也就是一个时代或一个周期的经济发展中心会带动相关产业的发展。随着中国经济主要矛盾的转移,2018年,中国的经济中心也悄然发生了迁移(见下图)。

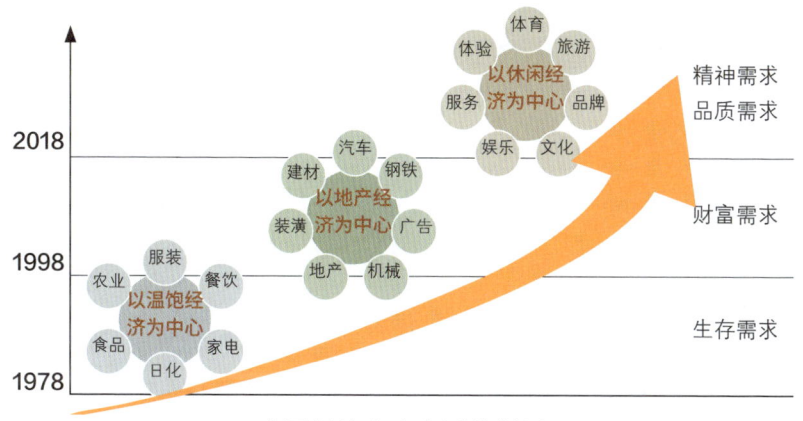

中国经济中心变迁分析图

改革开放初期,社会经济的主要矛盾是人民日益增长的物质文化需要同落后的生产力之间的矛盾。在计划经济向市场经济转变初期,严重缺乏社会商品供给,很多贫困地区连饭都吃不饱，社会上很多生活用品需要票证才能购买，如买布要"布票"，买油要"油票"，出门吃饭也要"粮票"等。这个时期商品极其短缺，特别是日用品，只要能生产出来，就能卖出去。所以，应该把改革开放后的第一个发展时期定义为：以温饱经济为中心的发展模式。该发展模式刺激了农业、食品业、服装业、餐饮业、家电业、日化用品等产业的快速发展。

20世纪90年代以后，我国各行各业都得到了蓬勃的发展，商品非常丰富，人民的物质生活也得到了空前的发展。随着社会财富的增长和生活水平的不断提升，依据马斯洛的需求论，人们对安全感的追求开始了。能够适当满足精神安全的就是财富保证，最能保证财富安全的当属不动产，由此，进入2000年后，地产业开始疯狂成长，中国经济可以定义为：已经进入以地产经济为中心的发展模式。该发展模式，带动了汽车、钢铁、建材、装潢、机械、广告等产业的跨越式发展。

进入2018年后，我国大多数城市和地方全面进入休闲时代，人们有钱有时间，生活品质空前提高。依据马斯洛的需求论，人们的精神需求越来越多，所以休闲、娱乐、旅游成为一种生活方式。这个时期可以定义为：以休闲经济为中心的发展模式已经到来。这种发展模式带动旅游、体育、文化娱乐、体验、服务、品牌等全面提升发展，从而也促使很多产业经营和休闲旅游相结合，如观光农场、观光工厂、休闲商场等。

## ◎ 开展产业观光旅游的条件

随着中国经济中心的变迁，产业观光旅游的条件也在逐步形成。通过对一些发达国家产业观光旅游的形成进行研究，发现一个国家和地区产业观光旅游的兴起，一般应具备产业转型的需要、品牌发展的需要、大众旅游的需要、产品体验的需要四个基本条件。

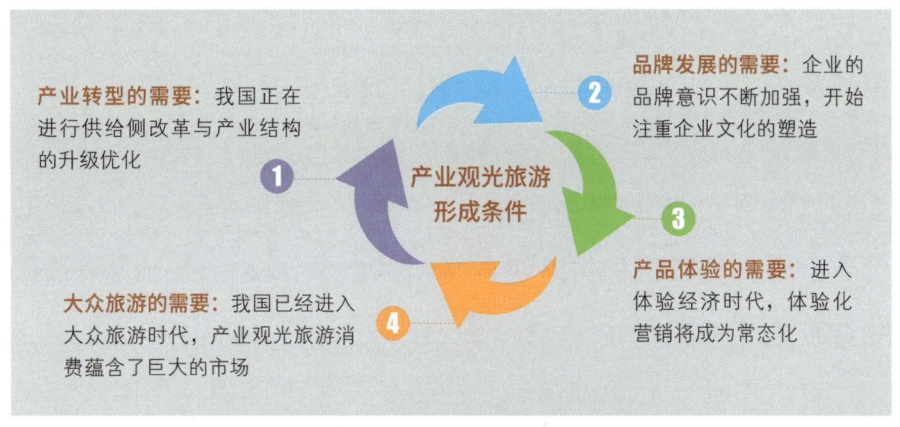

产业观光旅游的四个基本条件

### 产业转型的需要

从欧美、日韩及我国台湾地区的发展来看，产业观光旅游的开展，首先要依据国家产业结构转型的需要，也就是经济发展重点或产业结构重心由第一产业向第二产业和第三产业逐次转移的过程。2017年，美国等发达国家服务业占国内生产总值的比重为67%，中低收入国家一般也在43%，我国第三产业占国内生产总值的比例为56.3%。2018年，我国第三产业占国内生产总值的比例上升为56.5%。

**2017、2018年中国三大产业占GDP比重**

| 产业分类 | 产业比重 | |
| --- | --- | --- |
| | 2017年 | 2018年 |
| 第一产业 | 4.8% | 4.4% |
| 第二产业 | 38.9% | 38.9% |
| 第三产业 | 56.3% | 56.5% |

随着第三产业所占比例的不断增加，休闲时代快速形成，导致产业经营泛娱乐化，催生产业观光旅游业态的形成。至此，产业观光旅游业态形成条件已经具备。

其次，需要做到产业的优化升级。产业在经历了野蛮成长、粗犷发展之后，需要理性化、精细化的回归。产业大量回归之时，市场需要大量的信任背书形式。产业观光旅游，是要让消费者参观体验产业的生产经营过程。这时，就能够倒逼产业经营的企业，全面升级优化生产过程与产品质量，实行产业的精细化经营。

投资过剩、产能过剩是产业转型升级的前提，严重过剩又是造成经济危机的原因。大过剩时代，势必造成大量的企业的经营举步维艰，甚至在破产的边缘行走。在欧美、日韩等发达国家的大经济危机中，产业观光旅游与产业经营结合，成为很多企业抓到的最后一根稻草。做产业观光旅游，能够重构企业的商业模式；做好产业观光旅游，能让企业脱胎换骨，在文化创新和产品创新中焕发出新的生机。

**品牌发展的需要**

改革开放初期，经济体制正在从计划经济向市场经济转变，整个社会商品短缺，企业设立门槛低，各类中小企业开始出现，主要以工厂或基地为主。工厂生产出来的产品很快就能受到市场欢迎，市场处于消费者对于品牌认知的空窗期，工厂很少做广告，品牌发展模式简单，一些产品只要顺应市场的广泛需求，稍做宣传就能形成很强的市场品牌影响力。这一时期的品牌发展模式，就是产能为王，只要有工厂和生产基地，就能迅速占领市场。

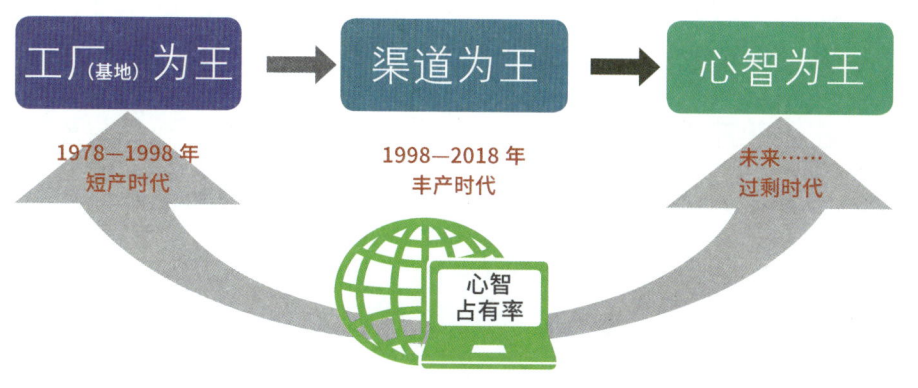

未来品牌发展趋势

  1998—2018年，由于商品经济的快速发展，社会产品越来越丰富，同质化竞争越来越激烈，整个社会的商品供给已经由短缺转变成了丰产。逐渐富裕的消费者对商品有了选择性消费，工厂不再是市场需求的把控者和主导者，市场主动权开始转向消费者，买方市场形成。市场主动权的转变，使工厂不得不抢占各种市场渠道资源，通过有效的市场供给渠道和品牌宣传，抢先被消费者所认知和接受，从而在竞争中胜出。谁掌握了市场渠道，谁就能在产品销售中胜出。这个时期世界各大商超品牌纷纷进入中国，也成就了我国许多知名的商超品牌，以及各种连锁店的疯狂扩张。在市场竞争中，一些企业因迅速建设渠道或占领渠道而形成了品牌优势，占据了重要的市场份额。

  未来商品非常丰富并相对过剩，随着电商、微商、旅游体验购物消费形式的崛起，消费者不再局限于渠道资源的消费选择，单一的产品或服务已经不能满足消费者的消费欲望和价值预期。在琳琅满目的商品海洋中，想要让消费者选择你、钟爱你，企业的品牌就要占领消费者的心智，给消费者以消费引导和价值预期。在心智为王的时代,如果你的产品品牌不能进入并抢占消费者的心智,即使再好的产品也会被市场淹没。

在产业理性回归的未来,品牌区域化、品牌匠心化将成为中国产业发展的普遍现象,而产业观光旅游项目正是品牌区域化和品牌匠心化的最佳载体。

**产品体验的需要**

互联网、移动互联网的发展对产业来说就是"去中心化"。去中心化就意味着品牌影响力的衰落,消费者不再接受"王婆式"品牌推广理念,只会接受"体验式"的品牌销售方式。

体验经济时代真的来了!美国学者约瑟夫·派恩(B. Joseph Pine Ⅱ)和詹姆斯·吉尔摩(James H. Gilmore)是最先提出"体验经济"这个概念的。体验经济被其称为继产品经济、商品经济和服务经济阶段之后的第四个人类的经济生活发展阶段,或称为服务经济的延伸(见下图)。

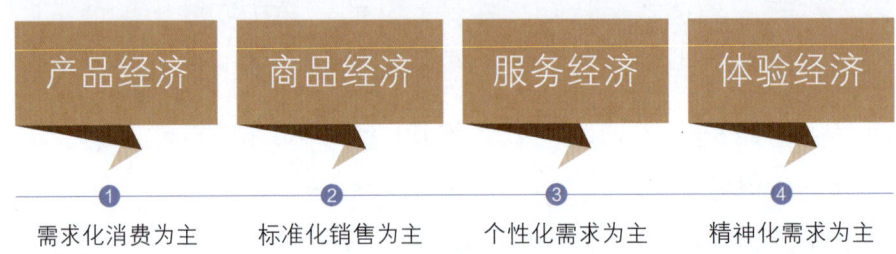

产品经济　　商品经济　　服务经济　　体验经济

① 需求化消费为主　② 标准化销售为主　③ 个性化需求为主　④ 精神化需求为主

在产品经济时代,也就是农业社会时期,实际上是一个自给自足的时代,产品交换并不是十分发达。在商品经济时代,也就是工业经济时期,能够规模化、标准化生产,快速形成产品的丰富度。在服务经济时代,也就是所谓后工业化时代,由于商品趋同,以至于商品本身已经难以提供给我们太多的感觉。

这时企业发现，增加服务可以满足客户的社会需求。因此服务一下子就成为一种无形的经济产品了，当服务叠加在有形商品上时尤其具有杀伤力。

产品经济、商品经济和服务经济都是卖方经济。它们所有的经济产出都停留在顾客之外，不与顾客发生关系。而体验经济则不然，因为任何一种体验都是某个人身、心、体、智状态与那些筹划事件之间互动作用的结果，顾客全程参与其中。无论是商品经济还是服务经济，都是先形成肉体的感受，然后再升华为心智的快感。但是在体验经济时代，一切都要反过来，先寻求自我心智的塑造与超越，然后再促使肉体进行感受，这就是所谓体验。凡是能够从心智上设计，并通过肉体感受的经济活动，就是体验经济。

体验经济是以服务作为舞台，以商品作为道具来使顾客融入其中的社会演进阶段。由于服务经济也在逐步商业化，人们的个性化消费欲望难以得到彻底的满足，人们开始把注意力和金钱的支出方向转移到能够为其提供价值的经济形态。

超越以产品的实用功能和一般服务为中心的传统经济，代之以实用和审美，产品和体验相结合的经济。人们进行消费，不仅仅是买东西，更希望得到一种审美的体验或情感体验。所以，体验经济也是审美经济的一种表现形态。

产业观光旅游是在生产上以提升服务为首，并以商品为道具，满足顾客感性与情境的诉求，创造值得游客回忆的活动，并注重产品的互动体验。然后让游客参与其中，亲身体验产品的功能性，在不同产品的对比下，体现销售产品的优点，从而进行一系列产品的销售行为。

未来所有商品消费者都可以通过线上的信息，到线下的"体验基地"进行亲身体验，然后再通过体验感受进行线上购物，并能享受送货到家的服务感受。经过这样一个线上线下的循环体验，消费者有了一种全新的消费感受，体验到了一种新的消费方式，在物质消费的同时，精神消费也得到了满足。比如日本、欧美及我国台湾地区很多观光工厂、观光农场等都是体验经济的经典展现（下图为笔者在台湾郭元益观光工厂DIY区手工区体验做饼干的情景）。

**大众旅游的需要**

2018年中国旅游总量达55.39亿人次，实现旅游总收入达5.13万亿元。我国已经进入大众旅游时代，人们的旅游消费需求也越来越多元化。

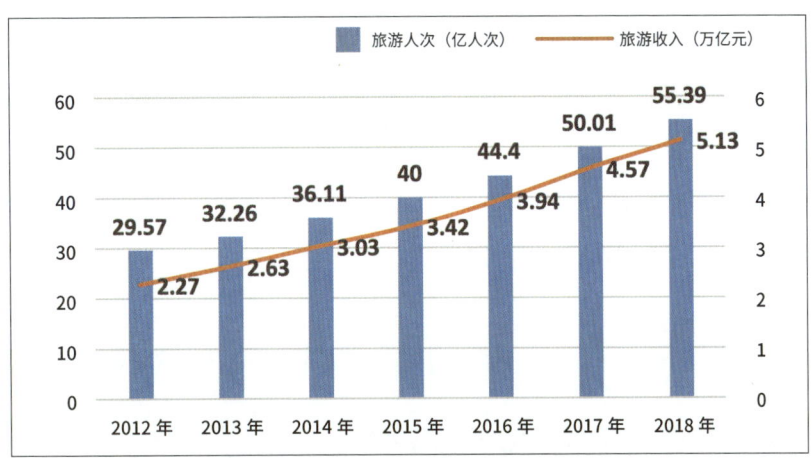

2012—2018年国内旅游市场统计情况

在经济结构转型期，人们对传统工业时代的"怀旧"，对现代工业高科技知识的渴望，对生态农场、牧场、果园的向往，以及消费者消费体验的个性化，使产业观光旅游消费蕴含了巨大的市场。

在十九大以后，休闲农业、特色小镇、田园综合体、美丽乡村等关键词频繁出现在我国中央一号文件里。工业旅游、观光工厂、观光农场等也在全国各地频频爆出。

据瑞信（Credit Suisse）数据指出，2015年中国中产阶级人数已经达到1.09亿，中国家庭财富总值已达22.8万亿美元，未来十年我国中产阶级人数预计超过7亿人。中产阶级的崛起会极大地推动旅游业的发展，生活品质化、消费体验化也会进一步促进产业观光旅游的发展。

## 第二节
# 产业观光旅游设计的两个依据

产业观光旅游设计的两个依据，分别是国家政策发展趋势、产业未来的发展趋势。

◎ **依据国家政策发展趋势**

在市场经济运行中，产业政策具有强大的导向作用。

产业政策引导国家产业的发展方向，引导推动产业结构升级、协调国家产业结构，促使国民经济健康可持续发展；是调整商品供求结构，实现市场上商品供求平衡的依据；是通过差别利率等信贷倾斜政策对资金市场进行调节，有助于资金合理流动和优化配置。

产业政策主要通过制定国民经济计划（包括指令性计划和指导性计划）、产业结构调整计划、产业扶持计划、财政投融资、货币手段、项目审批来实现。

如果要把握企业未来的发展趋势，首先要把握国家未来产业政策新导向。这种政策导向就能形成一个地方产业的发展新趋势。

比如过去40年的经济发展，中国经济发展的三驾马车，是建立在对能源的消耗，对环境的污染，对外贸的依赖上的。在这种情况下，我国的经济发展模式必须做出调整，于是就有了供给侧改革、产业结构调整、国家品牌战略等一系列的政策，这些政策会是我国未来相当长一段时间的产业发展趋势。

我国区域发展不平衡的问题比较突出，国家会在每个阶段提出协同发展的大战略，像西部大开发战略、中部崛起战略等，都会形成一系列的政策导向，为当地产业发展带来新趋势。

产业观光旅游设计首先依据国家政策的发展趋势，设计项目能够借势发展，获得国家各方面政策的支持（见下例）。

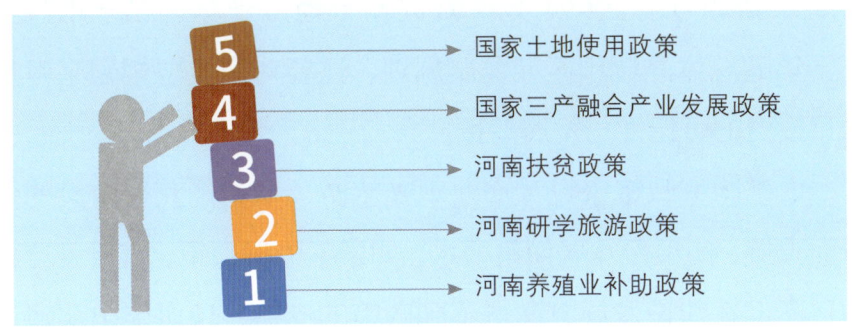

**鹅香村产业观光园政策对接设计**

鹅香村产业观光园位于河南省漯河市临颍县石桥乡，该项目占地6000余亩，以林下散养鹅为主。大东产业观光设计院依据国家供给侧改革、产业结构调整、绿色发展等政策趋势，为该项目打造生态养殖、鹅苗育种、饲料加工、鹅肉加工、鹅绒加工等全产业链的产业观光旅游园区。

该项目在设计之初认真研究国家及地方的相关政策，包括河南省教育厅2019年《关于推进中小学生研学旅行的实施方案》，2017年《河南省扶贫开发条例》，2018年政府报告（大力实施乡村振兴战略、推进农业供给侧结构性改革），以及国家农业土地使用政策等。

依据政策，鹅香村产业观光园在设计之初，就把政策与园区建设紧密结合起来。鹅舍建设、员工招聘结合河南扶贫政策；文化馆与观光通道设计结合河南研学政策；养殖规模与养殖方法结合河南养殖补贴政策；生产加工结合三产融合政策；在土地使用方面一般农田用于鹅舍建设，基本农田用于牧草种植，生产加工用地向国家申请工业用地。

产业观光旅游项目除了依据国家及地方的政策发展趋势，还要依据地方的上位规划，研究一个地方十年、二十年甚至三十年的总体产业和区域发展规划，还要对应上位规划来考量项目投资的可行性与发展前景。

依据国家政策来设计产业观光旅游项目，能获得政策的各方面支持，使项目发展如鱼得水。如果不依据政策，盲目设计，项目不但在建设发展方面得不到政策的支持，还可能出现建设违规、违法现象，使项目中途夭折。

## ◎ 依据产业未来发展趋势

"未来"总是依据时代诞生各种发展趋势，任何一个成功的企业，都是乘了时代的大势。海尔品牌创始人张瑞敏说："没有伟大的企业，只有时代的企业。"所以，把握趋势，就是把握未来，把握未来才能创造未来，才能拥有未来。未来是人类的共同梦想，也是我们所有产业经营者的希望！

老话说得好：拥有优势，不如抓住趋势。优势永远拼不过趋势。在万物融合创新的时代，产业经营只有抓住趋势，才能把握未来、创造未来、拥有未来！

在第二章里我们说过，产业观光旅游项目是融合创新的产物，是新物种。所以，产业观光旅游项目是时代的"宠儿"，走在时代的前面，是拥有未来的产业发展模式。那么，如何拥有未来，如何依据未来做好产业观光旅游设计呢？

首先，要依据"消费新生代"来设计产业观光旅游项目。

人类生活方式的迭代和消费者的迭代，是导致产业发展模式变化的根本原因。

2008年，伴随着互联网成长的"90后"18岁了，伴随着他们的成长期，一批又一批的专业网站发展起来：就业网站，如智联招聘、前程无忧、中华英才网等；婚恋网站，如百合网、珍爱网、中国红娘网等；购物网站，如淘宝、天猫、京东等。随后，还有一些外卖网站发展起来，如美团、饿了么等。

"90后"的新生代在我们刚刚经历过的十年内，充分参与和创造新型产业，让很多业态发生了翻天覆地的变化。

2018年，伴随着人工智能成长起来的"00后"也年满18岁了，这波新生代加上波新生代，又会怎样颠覆父辈？又能让社会消费变成什么样？又如何颠覆我们的生活、颠覆社会呢？

生活更加虚幻化。各种虚幻的情感社群、3D影像、幻影链接、表情千变、环境切换等，让我们的生活更加丰富多彩！

环境更加场景化。七彩的田园、萌萌的商超、酷酷的工厂、艺术的街道等，都会让我们的生活到处充满惊喜！

世界更加智能化。机器人、生物机器人、无处不在的智能芯片等，正在刷新着我们的认知！

这些极致的体验、随心的定制、神奇的链接、无限的想象，总会让我们脑洞大开。

如果我们的产业观光旅游项目不以"消费新生代"来设计，项目表现就会很"老"，也不会获得新生代的青睐，项目就会失去未来。

其次，依据人们未来的生活方式来设计产业观光旅游项目。

十九大后，我国社会主要矛盾已经转化为人民日益增长的美好生活需要和不平衡不充分的发展之间的矛盾。什么是我国当下和未来的美好生活？美好生活就是我国未来十年或者更长一段时间内的生活方式，这种美好的生活方式，主要体现在旅行化、年轻化、健康化和快乐化四个方面。

### "旅行化"已成为国人的基本生活方式

"世界那么大，我想去看看！"这是当下人们对旅行化生活方式的内心诉求。2017年，国内旅游人数为50.01亿人次，比上年同期增长12.8%；出入境旅游总人数为2.7亿人次，同比增长3.7%；全年实现旅游总收入5.40万亿元，增长 15.1%。初步测算，全年全国旅游业对 GDP 的综合贡献为 9.13 万亿元，占 GDP 总量的 11.04%。旅游直接就业 2825 万人，旅游直接和间接就业 7990 万人，占全国就业总人口的 10.28%。可见，大众旅游时代已经到来。李克强总理在 2017 年政府工作报告中提出"大力发展全域旅游"。"全域旅游"写入政府工作报告，并成为 2017 年政府工作报告 12 个新词之一。

## "年轻化"将成为全球性趋势

随着营养状况的改善，公共卫生和教育水平的提高，生活方式的改变，疫苗和抗生素等药物的普及，人们的生理年龄越来越年轻。世界卫生组织对年龄分期进行了重新划分：年龄 44 岁以下为青年人，45~59 岁为中年人，60~74 岁为年轻老人，75~89 岁为真正老人，年龄 > 90 岁为长寿老人。

一方面，这是依据时间维度对人进行的定义和划分；另一方面，我们每个个体都在尽可能希望超越时间的维度，做观念与心态上的"年轻人"。当"年轻人"的概念越来越模糊的时候，"年轻化"这个延伸概念的内涵与外延自然更加丰富。

追逐"年轻化"将使产品消费"年轻态"。比如当下很多品牌都在追求品牌"年轻化"，尝试着用各种方式来满足消费者的"年轻态"心理。2018 年 9 月 20 日，来自美国的 Samsonite（新秀丽）通过颠覆传统的 3D 全息投影技术，发布品牌年轻化战略，全面倡导多元化的高品质生活方式。在品牌定位方面，Samsonite（新秀丽）锁定新生代消费群体和消费者的"年轻态"趋势，实现全新的品牌战略定位，从行业领先的箱包品牌正式转型为引领时尚生活方式的品牌，从旅行解决方案

ELEGANT & WARM
优雅和温暖
· 优雅的米色象征大气、清爽、温暖和时尚。
· Samsonite Red VOY背包米色款，含蓄优雅的都市气息

专家提升为多元化生活方式的领导者。Samsonite（新秀丽）大中华区总裁马瑞国先生表示："通过全新的品牌定位、年轻化的品牌形象、多元化的产品，新秀丽将时刻伴随着年轻人的脚步，与青春同行。"

无论是消费观念还是购买能力，当下的年轻人都是绝对的主力人群。为了抓住时代的核心消费群，"品牌年轻化"变成了众多品牌讨论最多的话题。他们观察年轻人的一切，去发现他们喜欢什么、谈论什么、用什么样的语言、有什么样的习惯、有什么样的烦恼等。近年来，已经有非常多的中国公司和品牌致力于"年轻化"，比如华为、小米、京东、天猫、江小白等。他们为产品贴上很多个性化标签：叛逆、自我、享乐、嘻哈，表情包、网络用语、二次元元素也在各种营销中屡见不鲜。即使那些永远怀着善意去拥抱消费者的品牌，也在不断地给年轻人贴着自己眼中所理解的标签。

### "健康化"已成为新时代的国家战略

近年来，我国人民生活水平不断提高，营养供给能力显著增强，国民营养健康状况明显改善。但仍面临居民营养不足与过剩并存、有害食品造成相关疾病多发、营养健康生活方式尚未普及等问题。这些问题也是影响国民健康的重要因素。

党的十九大报告指出："人民健康是民族昌盛和国家富强的重要标志。"这体现了我们党对人民健康的重要价值和作用的认识达到新高度。实施健康中国战略，增进人民健康福祉，事关人的全面发展、社会全面进步，事关"两个一百年"奋斗目标的实现，必须从国家层面统筹谋划推进。

随着经济的发展，国人对健康的关注达到了空前的高度。"健康化"对农业、食品加工业、体育产业、医疗产业、生物制造业、环境安全产业等带来了发展的机遇和巨大的挑战。健康的生活方式和生活环境，才能实现我们未来美好生活的健康化。

**"快乐化"是人类的天性，也是人类永恒的追求**

人活着有四种境界：快乐地活着、很累地活着、充实地活着、茫然地活着。在这四种境界中，哪一种是人类向往的境界呢？很明显人们最向往的境界是快乐地活着。

快乐永远是未来生活的主旋律，快乐化的生活方式是人们对精神生活和品质生活深刻体验的象征，这种快乐的内涵来自人们对各种生活的体验。"快乐"也是产品的一部分，在追求产品质量的同时，附加快乐的元素，进而实现产品的快乐化消费和快乐化体验，是未来产业经营的发展趋势。

如果产业观光旅游不能迎合未来人们"生活方式新四化"来设计项目，项目势必不能满足人们的消费需求，最终导致项目竞争力不强。

当前，新一轮科技革命和产业变革席卷全球，大数据、云计算、物联网、人工智能、区块链等新技术不断涌现，数字经济正深刻地改变着人类的生产和生活方式，成为经济增长的新动能、新趋势。

4G改变生活，5G改变社会。随着移动互联网的不断升级，智能手机、智能手表等智能随身设备，将人与人之间的连接发展到可感应、可量化、可应用。借助现代移动互联网技术，不仅人与人之间可以连接，人与物之间，人与信息之间，人与自然之间，都可以形成连接。就像美国尼古拉斯·克里斯塔基斯（Nicholas A.Christakis）的著作《大连接》里描述的那样，大连接会形成对人类现实行为的影响，如对人类的情绪、亲密关系、健康、经济的运行和政治的影响，并特别指出，三度影响力，即朋友的朋友的朋友也能影响到你。不知不觉我们已经进入一个大链接的时代。

随着互联网及移动互联、区块链、人工智能、物联网等新技术整体趋于成熟，以及人类互联网行为的不断积累，产生了大量数字资产，用新的技术手段完成人类数字资产价值转移已经提上日程。人类社会将全面进入数字时代。2018年，"数字中国"被首次写入政府工作报告，政府明确提出大力发展数字经济。云计算、大链接已成为国家战略的一部分，国内各大云厂商都纷纷发力。BAT三大互联网运营商纷纷展现自己的云计算战略优势。

在大链接的时代，各行各业都会在链接方面跨界融合。产业观光设计也要以场景化新型内容为内核，重新定义人与文化、人与商品、人与服务以及人与工厂、农场的链接方式，打造跨媒体、电商和文娱的泛内容生态链接平台。通过链接把大量的观光游客变成消费者，通过游客的消费体验转化成产品与服务的数据信息。最终形成人流、产品反馈、社群密度、产业融合等多方面的大数据信息，为企业发展、产业链的延伸发挥巨大的作用。

## 第三节
# 产业观光旅游设计的三个定位

定位是项目的顶层设计，科学的定位是项目后续规划设计及投资落地的依据。产业观光旅游项目的总体定位分企业战略性观光需求定位、产业观光旅游的客群市场定位、产业观光旅游项目投资定位。

## ◎ 企业战略性观光需求定位

从世界各地产业观光的案例来分析，一个项目的产业观光需求可分为：品牌认知与文化传播型、产品体验与基地销售型、品牌传播与体验销售型、品牌孵化与模式创新型等四类。

### 品牌认知与文化传播型

企业的销售模式和销售渠道非常强大，像五粮液酒厂、茅台酒厂、青岛啤酒和德国的宝马汽车、美国的波音飞机观光旅游等。这些企业的品牌力量、核心技术和销售渠道都非常强大，产业观光的目的绝非以基地销售为主，它们做产业观光旅游的需求就是实现品牌认知和品牌文化的广泛传播。

**产品体验与基地销售型**

企业的品牌知名度和销售渠道都比较薄弱，像我国台湾的橘之乡、魔菇部落、森林薰衣草庄园等，日本的箱根牧场、御果子御殿、黑糖观光工厂、苦瓜农场等。这些企业的品牌知名度起初都非常弱，而且销售渠道也不够强大，做产业观光的目的就是为了通过产品体验来实现品牌的初步认知，通过体验先实现一定量的销售，然后再慢慢形成自己的品牌。

**品牌传播与体验销售型**

企业的品牌知名度一般，销售渠道建设也一般，这类企业比较大众且数量众多，它们需要在品牌和销量方面双重突围。如果做产业观光，它们需要的不仅是品牌认知传播和销售，更需要的是企业文化、生产标准、生产技术的全面升级，大多是商业模式的重构。但处于这个阶段的企业，做产业观光旅游时更需要依据企业的真实需求，分步骤、分阶段完成产业观光旅游的综合性发展。

菜小子部落农场原是一个500余亩的果蔬种植基地，业主以亲子研学观光旅游为主，产品销售为辅，项目多年收支很难

菜小子部落农场战略性总体定位

持平。大东产业观光设计院在接手该项目规划时，做了大量的市场调研，得出市场对真正有机的、优质的新鲜果蔬产品，以及新鲜营养的果蔬深加工产品需求量特别大。反而项目周边一小时交通经济圈内，一般性的农场亲子旅游项目特别多，且同质化严重。大东团队经过多次调研与论证，认为该项目应该创新商业模式，构建独特的IP与场景，以产品研发、延伸、衍生与社群销售为主，亲子研学观光旅游为辅，来实现品牌孵化、品牌传播销售。

**品牌孵化与模式创新型**

这种需求定位适合做产业园区、冷链物流、文化古城、美丽乡村、特色小镇、田园综合体等平台型企业的产业观光旅游。这类企业做产业观光旅游的目的在于通过观光旅游模式实现平台上众多企业的品牌传播和产品销售，像袁家村、马嵬驿民俗文化园、丽江玫瑰小镇、田园东方等，还有人气较旺的产业园区、文创园区等。它们都整合了众多的知名品牌企业和手工作坊等，然后把整个园区做成一个商业性观光旅游目的地，进而吸引众多的观光游客。

产业园区的观光旅游还能倒逼平台上的企业转型升级，通过观光旅游的强大人流来孵化众多品牌产品和品牌企业。平台企业通过整合资源、制定规范标准、观光旅游导流等来打造自己的商业模式、盈利模式和品牌输出模式，最终提高平台企业的知名度和旅游景点的认可度，从而吸纳政府和其他各类资源，然后复制模式走向全国乃至世界。

如"中部食博园"，它原本是河南莲菜网所投资的央厨产业园。大东产业观光旅游设计院对该项目的产业观光定位是：依托产业园区30多家品牌餐饮企业的食材生产加工工厂，结合莲菜网品牌餐饮食材供应的特性，把每家工厂都策划设计成有文化、有特色、可观光、可购物、可美食、能体验、能研学、能互动的观光工厂，把产业园管理公司设计成整个园区的观光旅游组织、管理服务商，进而把整个产业园区整体打造成一个弘扬河南餐饮文化，展示中部优质食材的5A级产业观光旅游景区，打造为莲菜网与各个品牌餐饮企业、食材加工企业共享的品牌认知传播型观光旅游目的地。

品牌认知传播型观光旅游目的地

化合反应

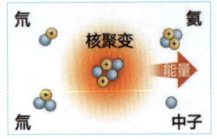

实现品牌产品孵化与平台模式复制

◎ **产业观光旅游的客群市场定位**

精准的客群与市场定位是确保一个产业观光项目成功落地与运营的基础条件，也是整个项目策划设计与立体营销的数据性依据。产业观光旅游的客群市场定位包括市场定位和客群定位两个方面。

产业观光旅游的市场定位又分为：消费能力定位、交通经济圈定位、旅游带机会定位等。消费能力定位决定了产业观光旅游项目的投资级别和产品定价范围，一般分为五级消费能力。一级为北京、上海、广州、香港、澳门等经济发达地区；二级为长江三角洲、珠江三角洲及经济发展较好的省会城市、经济特区，还有国际、国内知名旅游景区带等；三级为一般省会城市；四级为地市级；五级为偏僻地区的县镇等。在做产业观光旅游策划设计时，一定要依据各地区的消费能力级别来定位（见下图）。

**消费分析**

1. 在消费能力划分上，河南省郑州市属于三级消费能力城市，新乡市、开封市、焦作市等属于四级消费能力城市。
2. 参考2018年国庆假期河南游客消费，即平均每天每人次消费750元。
3. 根据观光工厂休闲旅游的特点和对周边旅游资源的综合考量。

**2018年国庆假期全国各省区市旅游收入排行榜**

| 名次 | 省区市 | 旅游总收入（亿元） | 同比增长 | 接待游客总数（万人次） | 同比增长 |
|---|---|---|---|---|---|
| 1 | 山东 | 535.50 | 12.90% | 6613 | 10.30% |
| 2 | 河南 | 464.60 | / | 6186.60 | / |
| 3 | 湖北 | 434.24 | 25.30% | 5724.21 | 23.88% |
| 4 | 广东 | 410.30 | 14.50% | 5049.60 | 12.20% |
| 5 | 陕西 | 393.93 | 33.08% | 7002.33 | 24.22% |

消费级别：三级消费能力

项目品牌初创期消费定位为：**人均消费370元左右**

**米香米甜观光工厂客源消费定位**

交通经济圈定位依据项目所在地的交通条件与人流及人流层次，可划分为两小时经济圈定位、一小时经济圈定位、半小时交通经济圈。

旅游带机会定位是依据项目所在地一小时或半小时交通经济圈的旅游资源禀赋，分析该旅游带的旅游资源会为本项目在产业观光旅游方面带来多大的人气导流机会，再依据这一机会结合其他人流规划定位项目的游客接待量，策划设计本项目各个模块的人流接待能力。

产业观光旅游的客群定位从地域区位方面划分为核心客群定位、争取客群定位和机会客群定位。核心客群一般依据项目的特性，可以涵盖在半个小时或一个小时交通经济圈中区域性消费的游客；争取客群一般指一小时交通经济圈外可以通过营销组织争取的消费型游客；机会客群通常是指周边有知名度的旅游景点或会议会展等带来的外地消费型游客（见下图）。

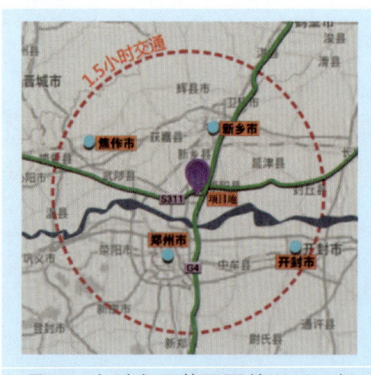

项目一小时交通范围覆盖郑州、新乡、焦作、开封等四大城市，区域人口达 2336 万人

**一级客源市场**
以项目地为核心的 1.5 小时交通圈范围内的城市，即郑州市、新乡市、开封市、焦作市等四个都市区

**二级客源市场**
以项目为核心的 2 小时交通圈范围内的豫北旅游市场

**三级客源市场**
河南省主要城市及周边省市、都市区市场

**机会市场**
河南省接待外地游客市场

**米香米甜观光工厂客源市场定位**

产业观光旅游从客群类别方面来划分，又可分为政商观光客群定位、社团观光旅游客群定位、亲子观光旅游客群定位、研学观光旅游客群定位等。政商观光客群是指政府和企业组织的观光旅游团体。中国是一个爱学习的国度，一个旅游项目如果有点特色就会引来众多的考察学习客群，比如袁家村政府观

光旅游客群大约占 20% 的比例，企业学习型观光客群大约占 30% 甚至更多的比例；社团观光旅游客群一般指各种旅游团体；亲子观光旅游客群一般指家庭自驾游的客群；研学观光旅游客群是和学校结合组织的课外观光研学活动（见下图）。

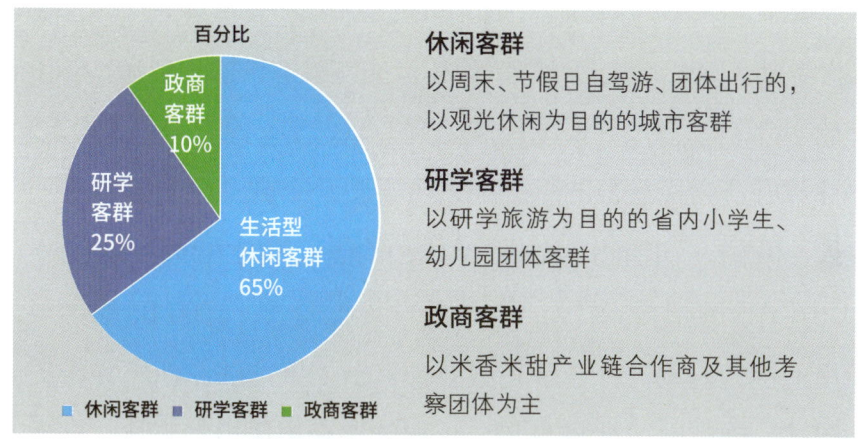

米香米甜观光工厂客群类别定位

## ◎ 产业观光旅游项目投资定位

项目投资定位是项目科学落地、持续发展的有力保障。应避免头脑膨胀，追求面子工程，导致项目不能合理化、盈利化落地的风险。产业观光旅游项目投资定位分为项目投资策略定位、项目投资分期定位两个方面。

依据产业观光旅游项目的战略定位，结合企业在产业中所处的位置与竞争优劣势分析，从而定位项目的投资策略。主要有下列几种：大投入高起点，有产业生态与企业综合竞争实力的产业观光；文创为主，以轻资产实现产品体验与销售的产业观光；创造"新物种"，构建新的商业模式，实现天使投资。

企业如果品牌知名度很高且资金实力雄厚，可以产业生态构建为基础，做企业全产业链的竞争优势观光，在多产业融合，文化创意，吃、住、行、游、购、娱、研、学、养等诸多要素方面，可全方位投资。做成大型产业观光文旅商业综合体，实现企业在业界的领导地位，实现消费者在一个产品领域的文化朝圣力。

企业如果品牌知名度一般，资金实力也不太强大，可以文创构建为基础，做区域性的品牌认知和产品体验销售型的观光，对于多产业融合，吃、住、行、游、购、娱、研、学、养等诸多要素方面，在计算好资金投放量的基础上，可突出一个或几个主要点来重点投入，做成一个区域知名的产品体验销售和休闲生活的小景点。

在创新驱动的时代，一个好的商业模式、好的IP都会成为风投追逐的对象。产业观光旅游项目，如果能够创新出独特的商业模式，创意出非常好的IP，一样能够获得风投的青睐，实现产业的跨越式发展。

再好的产业观光旅游项目都不是一蹴而就的，需要不断完善，不断试错、不断升级。产业观光也是一个旅游景点项目，人流的成长需要一定的周期。所以，在投资之初就要做好分期建设、分期投资的规划，切勿追求一步到位。

在产业大转型的时代，我国很多企业都处于转型升级的艰难期，在产业观光旅游的打造上切勿追大求洋，一定要依据先生存后发展的原则，以企业布局转型升级的需要为原则，根据企业的真实需求和实力，可以像宝马汽车、好时巧克力、五粮液酒厂、青岛啤酒那样做成文旅商业综合体；也可以像我国台湾地区、日本或欧洲很多小工厂、小庄园那样做成小而精的生活观光型、销售体验型为主的产业观光休闲项目。

# 第四节
# 产业观光旅游的三个模式设计

产业观光旅游项目能够高效、盈利运营，除了科学的定位设计外，还需要完整的商业模式、盈利模式和运营模式的系统化设计。

## ◎ 产业观光旅游的商业模式设计

现代管理学之父彼得·德鲁克曾经说过："当今企业之间的竞争，不是产品之间的竞争，而是商业模式之间的竞争。"产业观光旅游的商业模式区别于传统的商业模式，它是从场景体验的维度来阐释消费者新的价值主张、企业新的核心竞争力和企业新的盈利方式；从场景构建的维度来重新定义品牌、成本、服务、平台领先模式等。产业观光旅游的商业模式构建，是场景化的构建模式。

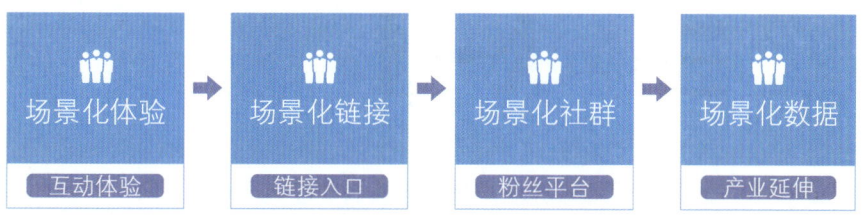

场景化体验作为产业观光的重要武器，通过全景化、多维度重塑和改造场景，用美好的场景体验来吸引客户。

场景化链接是基于自媒体、网络商城、微商城以及社群网络的链接入口，通过场景化"网红式"传播，实现"病毒式"裂变和"几何式"增长。

场景化社群，是通过场景化链接形成大规模的传播和用户卷入感，构建共同需求和共同价值取向的营销社群。

场景化数据是通过社群营销形成量化驱动场景、会员数量、活跃度、品类消费指数、粉丝吐槽等，最后依托社群密度和大数据实现产业链的延伸。

由场景化体验、场景化链接、场景化社群、场景化数据形成的商业模式也叫产业观光旅游复合场景商业模式（见下图）。它是通过产业观光旅游倒逼企业在工艺、环境、文化、标准等诸多方面升级改造，升级成为文化、生产、生活、见学等复合型场景，然后再通过观光旅游让更多的人来传播品牌、认知品牌，从而消费企业的产品。最后通过复合场景多维度帮助用户建立账户体系，

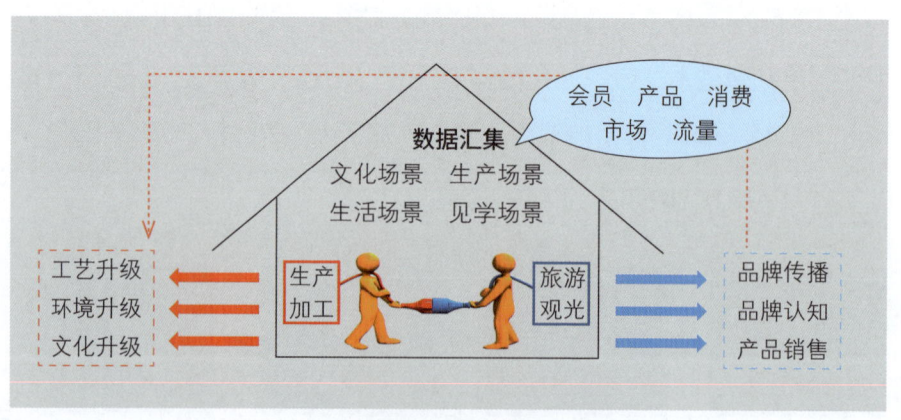

**产业观光旅游复合场景商业模式**

并能通过内容、社群、IP、见学、互动、体验等让用户自动自发创造数据的底层大数据引擎系统，然后再依据数据来修改、完善生产加工和观光旅游。

大东产业观光设计院在设计中部食博园产业观光旅游的商业模式时，就是从场景化体验链接入手，创造消费者新的价值主张——对美食文化、优质食材、安全食材的认知与需求。然后梳理莲菜网的资源整合能力，创造企业新的核心竞争力，并设计莲菜网及平台上所有企业的盈利方式。最后为莲菜网及平台上的餐饮食材企业形成场景化链接及场景化社群，力图实现产业链的进一步延伸与品牌输出（见下图）。

中部食博园产业观光旅游模式设计

随着体验经济时代的到来，场景化体验式营销将成为新零售的最高形态，实现消费者快乐的体验、快乐的定制消费和长久稳定的网络连接消费。所以，用场景化来构建的商业模式，也是企业转型升级的商业模式的重构。

◎ **产业观光旅游的盈利模式设计**

笔者曾考察过国内很多的工业旅游项目、农业旅游项目、乡村旅游项目，痛心地发现90%甚至更多都是不盈利的，更缺少精准的定位和科学的盈利模式设计。产业观光旅游不同于传统工业旅游、休闲农业，产业观光旅游项目本身应该是有盈利模式的。所以，在设计产业观光旅游项目时，应该依据商业模式设计理念，进一步设计好项目的盈利模式。

产业观光旅游项目盈利模式由项目盈利点设计、项目各模块营收比例和项目盈利方式等组成。项目盈利点依据项目的类别属性和主题定位来设计，不同的项目盈利点的设计总是相差很远（见下图）。

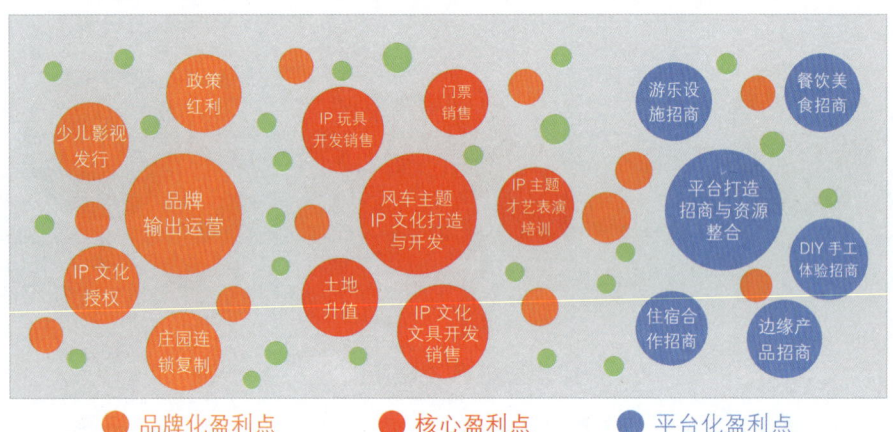

奇彩风车庄园盈利点分析设计

奇彩风车庄园是一个以儿童亲子娱乐为主题的田野乡村乐园项目。大东产业观光设计院对该项目的商业模式定位是以"风风车车"的故事来打造IP，然后延伸至故事体验、故事儿童秀、才艺表演培训和系列风车主题产品创意销售。

所以，奇彩风车庄园在设计之初就力图打破传统亲子休闲农业的盈利模式，而以农业文化为背景创意 IP 文化，创意风风、车车的系列人物形象，依据园区景观规划设计编写儿童版的连集故事，再把故事编成儿童演艺节目。成立专业的影视导演制作团队，招募有天赋的儿童参与表演，然后制作成系列的儿童主题视频节目在多地电视台和视频平台上播放。随着节目传播的不断加大而形成节目品牌，最后形成有价值的 IP 及庄园品牌。

所以，该项目的盈利点设计，一开始就是以风车主题的 IP 打造与开发为核心盈利点。通过 IP 的打造，迅速形成具有 IP 文化主题形象的玩具、文具、服装等并进行整合开发与销售；通过 IP 文化故事与演艺的打造，形成儿童才艺表演的培训销售；通过 IP 文化主题形象的打造，形成萌萌的儿童主题园区，从而引来人气达到门票销售的目的。有人气的地方就有财气，随着人气的增长，园区土地价值迅速上升，形成土地的增值效益。

奇彩风车庄园的第二层盈利点就是平台化后的招商整合盈利。项目一旦启动迅速平台化运营，在游乐设施、DIY 互动项目、美食住宿、周边产品销售等方面进行、平台化招商运营，既可获取分成、租赁等稳定收益，又能减少项目的总投资，还能进一步降低项目的总体运营成本。

项目在核心盈利点开发成功，平台化盈利点稳定发展的同时，势必会快速形成项目的品牌效应，带来品牌化盈利点。品牌化盈利阶段会带来品牌连锁加盟、IP 产品的授权销售、品牌 IP 节目影视发行等。随着项目成功效应的不断放大，还会获得当地政策性的红利等。

依据盈利点的设计来寻找项目各模块的营收比例关系，分析项目的消费比值。再依据比值设计项目的各模块的营收比例和盈利方式（见下图）。

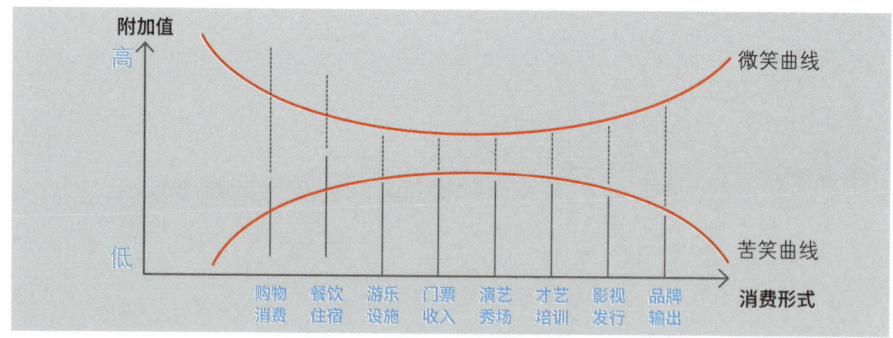

奇彩风车庄园消费比值曲线分析图

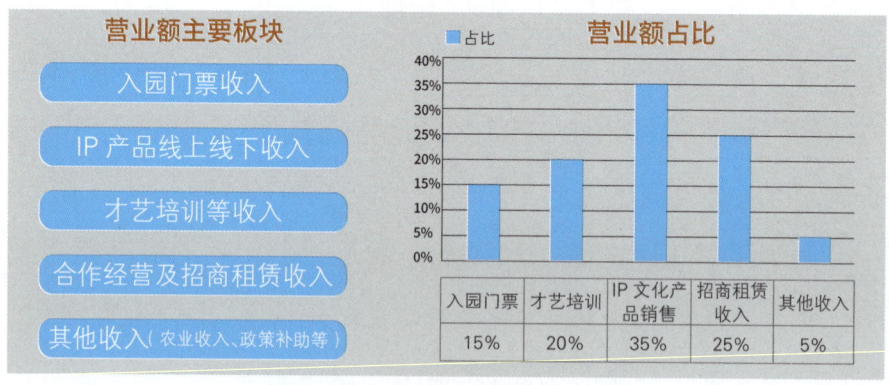

奇彩风车庄园园区营业额比例设计

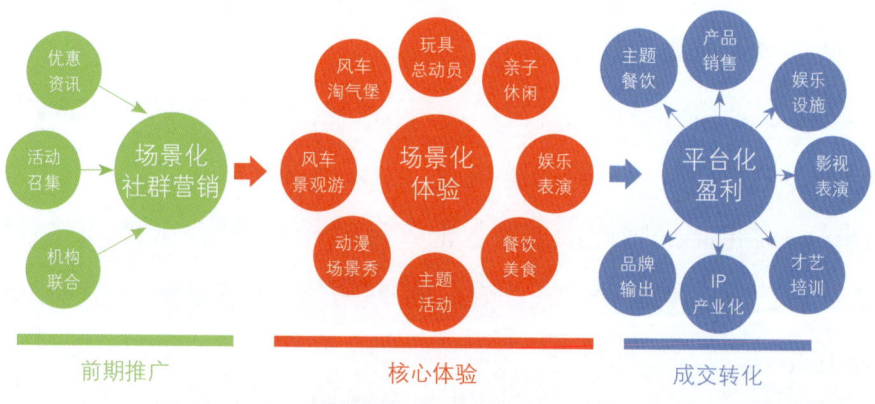

奇彩风车庄园盈利方式设计

依据项目的总体策划定位来设计盈利点、消费比值、各营收模块的比例、盈利方式，再依据市场分析，从各个市场人群的转化量、消费能力等大约得出项目的游客量和年营业收入，从而估算出项目的投资回报周期与回报比。

## ◎ 产业观光旅游的运营模式设计

运营模式是产业观光旅游项目能否成功的管理保障。很多项目不缺钱，不缺资源，但因缺乏科学系统的运营管理模式而导致失败。产业观光旅游项目的运营模式设计一般由运营主体、运营支撑、运营系统、运营方式、运营成果五部分组成（见下图）。

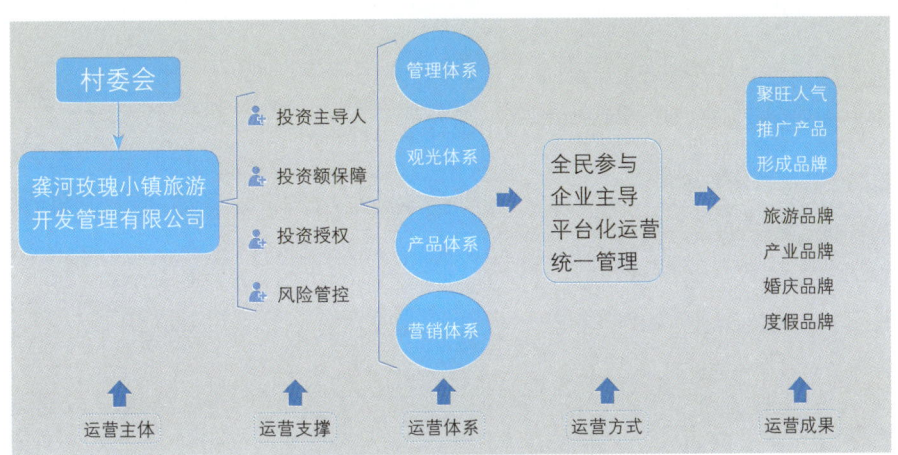

**龚河玫瑰小镇运营模式设计**

龚河玫瑰小镇是以玫瑰产业为支撑的村域经济特色小镇，大东产业观光设计院在设计其运营模式时，依据了如下产业观光旅游项目运营原则。

第一，厘清它的运营主体。因项目投资主体多且复杂，既有村经济投资成分又有企业投资行为，还有众多合作社的参与，背后也有政府的政策主导因素,在如何组成、谁来主导、谁来运营方面,一定要先设计好它们之间的关系,才能实现后续运营(见下图)。

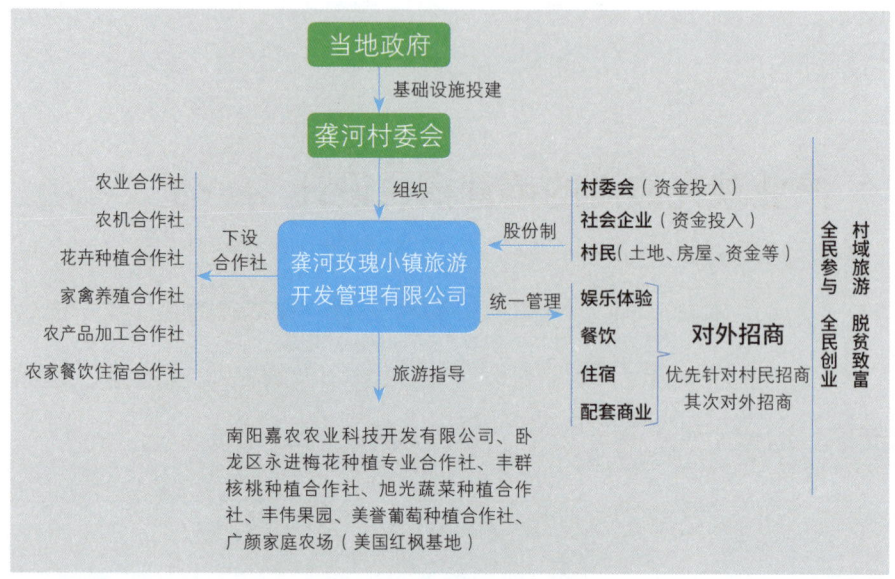

**龚河玫瑰小镇开发主体设计**

第二,设计好项目运营的支撑保障。在投资主体复杂的情况下谁来主导?投资额如何确保?投资如何授权?运营团队管理权限有哪些?风控如何管理?这些都是项目能否落地运营的支撑和保障,所以要设计好才能设计后面的运营体系。

第三,产业观光旅游项目的运营体系设计,运营体系一般由管理体系、观光体系、产品体系、营销体系四个方面组成。管理体系是整个项目的管理架构,由组织架构、企业文化、企业各项管理制度组成。观光体系一般包括旅游吸引物创意、各种体验创意、导游策略、导游标示设计、旅游动线设计、导游组织设计,以及旅游配套设计等。产品体系是产业观光旅游项目的核心设计,也是项目的产品组成的规划核心,一般包括旅游观光娱乐产品、主业生产产品、美食住宿产品、交通产品、婚庆产品和美容产品等。营销体系主要由线上营销设计、社群营销设计、工厂基地场景化体验营销设计、年度季度月度活动营销设计等组成。需要注意的是，还要设计好四个体系之间的运营联系，四个体系应互相支撑、互相连接，进而保障项目运营通畅（见下图）。

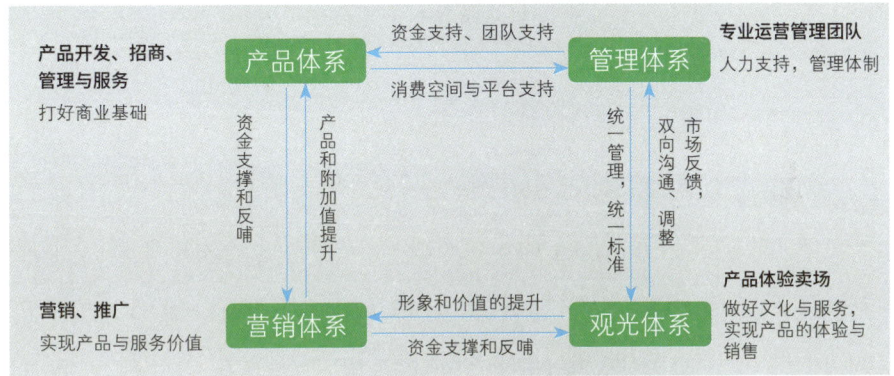

**四大运营体系相辅相成**

第四，运营方式的设计。以龚河玫瑰小镇为例，其运营方式是以大股东企业为主导，号召村民全体参与，把整个村打造成一个项目平台，既要统一招商还要统一管理，制定严格的商业管理标准和制度，预防假冒伪劣、粗制滥造的产品和服务，以免影响项目品牌的健康发展。

第五，运营成果的设定，其实也是运营目标、运营愿景的设定。龚河玫瑰小镇产业观光旅游的运营目标就是引爆人气来推广各类产品销售，形成旅游产品、美容产品、婚庆产品、度假产品的品牌化传播与销售。

## 第五节
# 产业观光旅游设计的四个规划

产业观光旅游规划也是旅游项目规划的一种，规划设计必须依据《旅游规划通则》（GB/T 18971—2003）、《旅游景区质量等级的划分与评定》（GB/T 17775—2003）、《游乐园（场）安全和服务质量》（GB/T 16767—1997）等国家标准，还要依据地方的政策规定。产业观光旅游项目非传统的人文、自然景区旅游项目，除了遵循旅游规划法规和基本的规划原则外，还应强调 IP 创意规划、场景创意规划、旅游动线规划、购物消费规划等四个方面的规划。

### ◎ 产业观光旅游 IP 创意规划

美国迪士尼公司可谓是商业运营 IP 的鼻祖，依靠米老鼠等广受欢迎的形象 IP，衍生出主题乐园、玩具、服装等多种产品，收益像滚雪球一样越滚越大。

吴声在《超级 IP》一书中说："一切商业皆内容，一切内容皆 IP！"可见，在这个泛娱乐移动互联网的时代，以精神文化需求为主的时代，超级 IP 与商业结合，已经成为很多企业进行品牌发展与传播的法宝。

现在，大多数品牌都面临着年轻化焦虑的问题：怎样去和"95后""00后"甚至未来的"10后"进行沟通，怎样创造或者开发出面向他们的一些新产品。所以，越来越多的品牌，试图打造自己的IP，想使用自己的形象，和年轻人进行沟通。

IP从泛娱乐领域，跨界到各行各业之后，形成了品牌网红式传播现象。

IP对景点来说是形象认知标志，对于产业观光旅游项目来说不仅是独特识别物，更是继流量、价格、品牌之后的商业交易入口。它通过独特的文化品牌价值，实现全息的观光传播场景；通过场景链接，实现多产业融合的盈利模式，实现强大的产品销售链接等。成功的IP能够为企业构建有力的品牌竞争壁垒，在传统的广告宣传、渠道销售领域，能够实现降维打击的效果（见下图）。

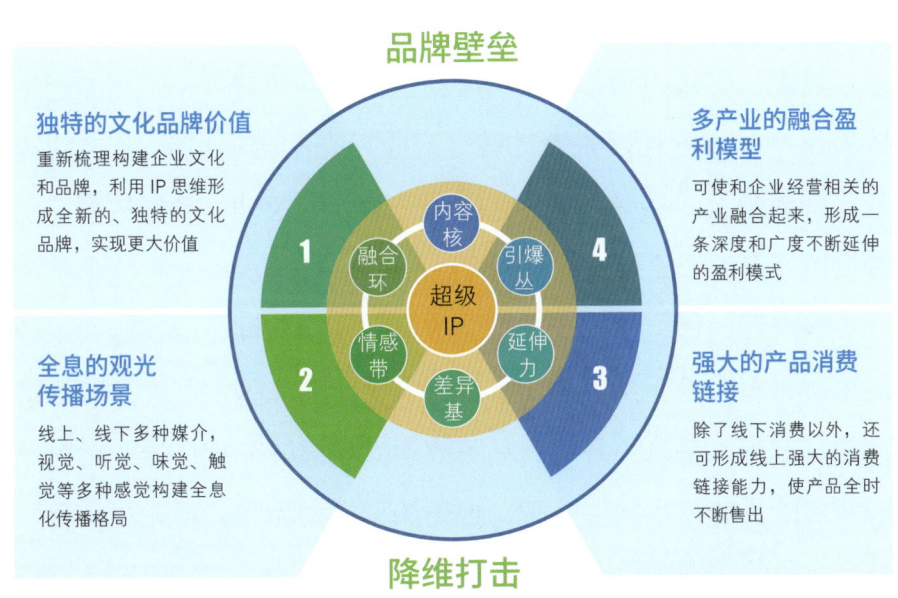

大东产业观光设计院的IP文化创意规划基本上分三个阶段：IP规划创作、IP运用设计、IP成果呈现。在IP规划创作阶段，首先要结合项目的文化定位需要、商业模式设计需要、品牌发展需要、网络传播需要、市场竞争需要来梳理寻找、策划和创意适合本项目的超级IP价值内涵（见下图）。

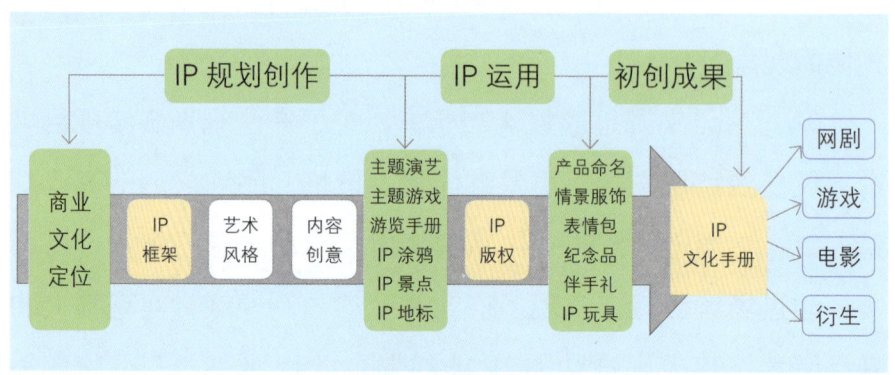

**大东IP构建模型**

产业观光旅游项目的IP框架、艺术风格和内容设计是项目的灵魂设计。当游客走进产业观光基地和观光工厂，先接触的是艺术氛围、文化内涵，然后再探秘企业的品牌故事和工艺流程，接着是产品体验和娱乐互动等。产业观光旅游项目的IP构建应从品牌创始人、品牌故事、主题演艺或大型活动、动漫故事、主题场景、卡通形象等方面来构建。

在网红时代，创始人的创业故事、匠心精神、语言行为以及发型、衣着打扮、正负传闻都会影响企业的品牌发展。品牌故事往往和创始人是分不开的。品牌故事就是最好的软广告，没有品牌故事的品牌是平庸的品牌，也无法称之为品牌，更无法从激烈的市场竞争中脱颖而出。

褚橙的推出就是成功地打造了"励志橙"的IP，先是在媒体上讲述创始人褚时健老人的坎坷人生路，让用户对褚老种植橙子创业的辛苦感同身受，对这个励志故事感到热血沸腾。当用户对褚老的励志故事产生了认同，接下来再了解品质、信任品质、进行购买，就显得顺理成章。甚至可以说，他们卖的已经不是橙子，而是励志精神。

完成IP框架设计后，接着就是项目的艺术风格设计，需要依据项目的商业文化定位艺术风格，包含复古主义、文艺主义、浪漫主义、动漫主义、生态主义或者多元素融合等。艺术风格的创意设计能让产业和企业本身更有艺术范和美感。

在确定艺术风格设计后才是IP的内容设计，如品牌的视觉系统设计，品牌创始人形象、吉祥物形象、卡通形象等IP形象系统设计，以及品牌故事、动漫故事和主题活动的详细文案等。

IP文化创作能够直接推动产业观光旅游项目的快速传播，如日本白色恋人巧克力饼干观光工厂的IP内容就精彩无比：白色恋人，是北海道长达半年的皑皑白雪，是札幌的特色巧克力饼干，是岩井俊二《情书》的故乡小樽，更象征着对纯净爱人的期待。

从前，北海道还是个季节很分明的地方。五月有一望无际的薰衣草田，能把人的眼睛变成紫色；十二月则换成了漫漫的雪天，可以埋住最热的心。

  有一天,上帝和撒旦同时派使者来到这里,天使的任务是留住这里的五月,而撒旦的使命是困住这里的十二月。可是身为男人的天使在与对手打了照面之后发现原来对方是个女的,且一见倾心,不管她是不是魔鬼!但魔鬼的法力要比天使高,他已无力与她对抗。于是他去求她,希望魔鬼能留下来和他一起生活,以他们两个相加的法力,可以生活在一个永远明媚的五月天里,但是魔鬼对他并无爱恋,觉得他所说的一切与她无关。天使很悲伤,知道爱上了她,万劫不复,不想回到天堂。

  两个人沉默了很久。最后,天使希望魔鬼按照她对五月的理解,和对他的理解,在把这里变成终年飘雪的十二月前,先把他变成一件拥有五月色彩的东西留下来,好纪念那不再回来的春天和他对她的爱。最后魔鬼按照她稚气未脱的想法把他变成了一块巧克力——没有苦味、甜得已不能算是巧克力的白色恋人——以为自己死都会死在春天里的甜蜜恋人。

  了解了这个故事,我们会发现白色恋人巧克力饼干工厂已经不是一个生产烘焙产品的工厂,它更像一个充满浪漫场景故事的甜蜜乐园,每天接待着世界各地慕名前来的游客,卖出的是一个个浪漫故事,一份份爱情的信物!

接下来是IP的运用。把创作的IP故事、IP形象等内容运用到产业观光项目的各个领域，如景观小品、主题建筑的个性化打造，文化演艺、游戏互动的主题打造，游览手册、导视系统的艺术化设计。另外还要运用在产品领域，如吉祥物、产品包装的独特性设计，以及玩具、文具、T恤等旅游产品上的个性化设计（见下图）。

IP运用不只是把设计好、编辑好的故事运用到园区建筑景观建设、产品形象设计和文化演艺、表情互动方面，还要把创意成果保护起来，这就需要知识产权的注册申请及发表等多项措施联动，才能形成项目的IP系列专有权。

随着项目IP体系的不断构建和沉淀，依据项目的成长速度，在经济收入丰盈的时候可以加大投资，衍生出游戏、影视或其他衍生品，反过来推动项目品牌的传播和产业观光旅游向更高的层次发展。

## ◎ 产业观光旅游场景创意规划

电影院里每部精彩的大片,往往由扣人心弦的场景组成,产业观光设计通常会把一个产业观光旅游项目看作一部电影来打磨每一个场景。我们总是设想每位游客走进项目时,视、听、味、嗅、触、意应该是什么样的一幅幅美轮美奂的场景,每一个场景能否触动游客的心灵,这是每位创意设计师的极致追求。

产业观光就像一部非常动人的爱情大片。所以,依据产业观光旅游项目的主题定位和 IP 形象设计,把一个产业观光旅游项目的场景规划分为初恋场景规划、认知场景规划、热恋场景规划、挚爱场景规划等四个部分。

初恋场景是游客走进产业观光的第一印象的场景,它须以独特的魅力吸引游客的眼球,获得良好的初步印象。依据产业属性的不同,无论是原生态的农业项目,高大上的工业厂区,还是艺术范十足的文化园区,充满浪漫的大型商超,其初恋场景的设计都是不一样的。初恋场景就是项目的印象场景规划,一般包括引入导视场景、大门场景、游客服务中心场景、建筑形象、景观小品场景等设计。精美的项目初恋场景有很大的冲击感和代入感,拥有巨大的磁场吸引力,让走近它的游客情不自禁地发出赞叹。

认知场景是游客走进产业观光项目后,了解并熟知这个项目的场景,需要把项目的丰富内涵、个性等呈现给游客。产业观光旅游项目的认知场景规划,一般由文化认知场景和生产认知场景两部分组成。

在文化认知场景里,充分呈现企业的历史沉淀、愿景、价值观、行业地位、社会价值和产业生态等场景,让游客由衷地产生

　　文化朝圣感；在生产认知场景里，充分展现企业严格的生产工艺、企业的标准流程以及科研成果、创新精神等场景，让游客参观后从内心深处对企业的工匠精神产生敬畏之情。在认知场景规划设计中，达到让游客充分认可和信任企业及其产品的目的。

　　热恋场景是游客热爱上产业观光旅游项目，并积极参与到各项体验互动和娱乐项目中去的场景。通过初恋场景和认知场景的体验，每个游客对企业和产品的喜爱都达到了高潮，接下来就要推波助澜，把每位游客感到激情和冲动的体验场景规划到最佳状态。产业观光旅游项目热恋场景规划一般包括互动娱乐场景规划、文化演艺场景规划、美食美味场景规划、产品体验场景规划等。

　　人生如戏，全靠演技！在场景化的泛娱乐时代，每个人都是演员，都会不知不觉地进入剧情，互动娱乐场景的规划就是让游客尽情快乐地表演。该场景结合主题文化所呈现的文化演艺场景，会进一步调动游客的情感兴致到达顶峰，就像武夷山的《印象大红袍》，看过实景演出的游客无不被武夷山的茶传奇文化所打动，从而对大红袍茶叶产生一种独特的情感。

　　很多产业观光项目都是与美食有关的，舌尖的体验才是最兴奋的体验，就像我国台湾地区的巧克力共和国、日本的白色恋人巧克力饼干等观光工厂。参观完企业文化与生产后，游客

第三章 新时代产业观光旅游如何设计

在各种甜蜜的美食场景内排起了长龙。产品体验也是热恋场景的一部分，规划游客对产品的多种体验场景，如 DIY 手工制作、亲手种养等都是产品体验的最美场景，让游客在产品体验中热爱产品及品牌。

挚爱场景是游客通过产业观光旅游对企业及产品从痴迷到拥有的场景。挚爱场景体现在游客对产品的高度评价和赞扬，游客积极连接并成为企业的会员铁粉，游客踊跃购物、长期拥有或多次消费等方面。

挚爱代表着厮守与拥有，在挚爱场景规划中，要极力做好游客的心声表达场景、多入口连接场景、热闹的购物场景、后续的关怀跟踪和不断邀请的场景等。

四个部分的场景组合构成产业观光旅游完整的场景体系。

在旅游景点可供选择性众多的时代，如果没有很好的初恋场景，就不能吸引到游客，从而造成大量的游客流失，最终导致项目失败。

没有很好的认知场景，很难让游客达到对产品的认知了解，从而造成游客对产品的诸多猜疑而不愿消费，导致信任危机。

没有很好的热恋场景，很难引起游客对产品的热爱和疯狂的激情，从而造成因激情不足而玩得不尽兴、不开心等，导致消费时间的大量缩短和产品销量的大幅降低。

没有很好的挚爱场景，很难留住游客并塑造忠实的消费客群，造成游客意犹未尽、缺憾感极强，导致项目的后续销售跟不上。

在移动互联网时代，场景化的打造也是连接线上线下，连接会员，连接新客户的重要手段。所以，我们总是说产业观光是一个超级连接器。

## ◎ 产业观光旅游动线规划

旅游动线一般指游客在参观旅游中连接各个景点的交通线路，产业观光旅游的动线和一般旅游景区的旅游动线差别较大，它以游客对产业经营的心智认知体验为导向，从体验文化、体验产品、体验购物三个方面来规划动线（见下图）。

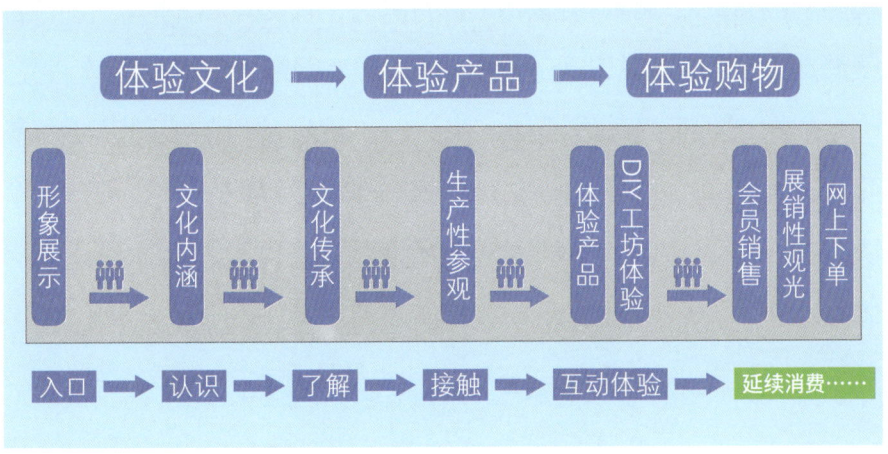

**大东产业观光旅游动线规划**

体验文化就是走进产业基地或工厂，深入了解企业发展历史以及企业传承、企业辉煌的成果等，学习它的企业精神、企业雄心、企业使命和企业价值，参与体验主题性的娱乐表演或文化演艺，感受企业文化的魅力与博大。

游客通过对企业文化的体验，会带着一颗对文化朝圣的心态去体验产品。在体验产品阶段，游客通过对生产流程和生产工艺的全面了解，认知到好产品来之不易，原材料如何选择，工艺怎样严格把控，手工匠人多么神圣，高科技多么神秘等，然后体验产品的性能与功效，体验产品的优质与个性。游客通过对产品的体验，会非常信任地进入购物体验。在体验购物阶段，游客首先感受到产品的专注与品类的丰富，感受到美好生活的品质与喜悦。然后是感受购物的快乐，参与优惠活动，参与会员销售，参与线上互动购物体验等。

产业观光旅游三步体验型的动线规划，能让游客从入口印象到认识我们，再到了解生产、接触产品、互动体验和购物消费等，形成从认知到消费的闭环设计。但产业观光旅游的真正目的是实现品牌的认知、品牌传播和产品的销售，最终实现的是产品的后续消费，让游客变成忠实的消费粉丝，通过网络下单形成连续消费。

依据产业观光动线设计，来进一步规划项目的组团设计。产业观光组团规划分别为：文化生产—体验互动—文化娱乐—愉快购物—美食度假。然后依据组团设计观光体验顺序，设计旅游体验顺序，最后才能形成A级旅游景点（见下图）。

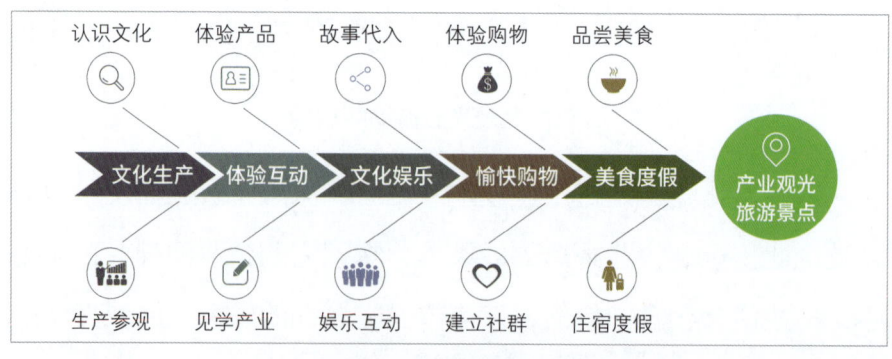

**产业观光组团规划顺序图**

## ◎ 产业观光旅游购物消费规划

产业观光旅游项目和一般的景区旅游项目还有一个很大的不同点，就是它不靠门票和娱乐项目的收入来获取利润。它是通过游客对产品的认知信任实现持续销售而盈利。由此可见，产业观光旅游项目的购物消费规划显得非常重要，一般由购物产品陈列规划、购物产品体验规划、购物产品定制规划、购物产品物流规划等四个部分组成。

购物产品陈列规划也属于场景设计的一部分，除了美轮美奂的空间艺术设计、产品陈列艺术设计外，琳琅满目的产品陈列总是能吸引游客的眼球。产业观光旅游项目的购物产品往往是围绕着主业定位所形成的产品组合，在产品陈列规划中，首先，应突出主业组团产品的个性和品类组成的体量感、规模感；其次，在衍生产品、延伸产品组团的规划中，围绕主业产品的文化需求，要突出主业产品的文化感和趣味感；最后，在周边产品组团的规划中切勿喧宾夺主，一定要突出主业产品如众星捧月般的美感。

体验始终贯穿在产业观光旅游的动线之中，在购物产品消费规划中也不例外，无论是使用性产品还是食品类产品，在购物环节的体验都是非常重要的，由体验而产生的购买冲动是一触即发的。

在购物产品的体验规划中要依据产品的特性和游客的体验习惯来规划，创造性地规划产品体验的流程与形式。如泰国、马来西亚的乳胶床上用品产业的购物产品体验环节大多安排在中午十二点半到下午三点之间。很多游客有午休的习惯，一个上午的旅游奔波，这个时间段正是人困马乏的时候，睡上软绵绵的乳胶席梦思床垫，枕着舒适的乳胶枕头在甜梦里体验乳胶产品的科学设计和产品性能，梦醒时分的购物冲动是可想而知的（见下图）。

购物产品的体验除了产品的购物中心场景化体验，还有一个很重要的体验，即网络购物体验。随着互联网与产业及生活的深度融合，游客网络购物体验已成为未来社会重要的购物体验之一。设计网店、微商城与购物环节的体验性连接，不但把游客迅速连接沉淀成平台准客户会员，还能让游客体验到购物的真实空间和虚拟空间的完美融合，游客通过网络平台可以积分，可以抽奖，可以评论，可以互动，还可以定制化购物。

产业观光旅游的产品销售本身也是新零售的一种形式，消费者通过品牌认知与体验来购物。新零售的购物模式分为体验与定制。产品的定制化销售是未来个性化消费的重要形式，所以在产业观光旅游购物产品的定制规划中，要依据产品的特性规划定制的形式与内容，结合游客的文化习俗、生活特点、个性爱好等来设计各种定制形式。如酒产业在观光中的个性化定制就非常丰富，有新婚燕尔结婚照的定制酒，有白发鬓鬓慈祥照的老人祝寿酒，还有企业年庆酒、同学聚会酒、战友聚会酒等（见下图）。

购物产品的物流规划是支撑产业观光旅游购物消费的重要环节，游客是在旅途中的客群。很多游客不愿购物的一个重要心理障碍就是不方便携带，如果能在购物消费环节规划中设物流服务点，就能明确告诉游客不用担心携带的问题，所购物品只要填写好单子就可以配送到家。物流中心也是采集游客住址与联系方式等重要数据的地方，这些数据都会在后续营销中发挥重要的作用。

一个产业观光旅游项目的购物消费规划决定了该项目在观光旅游方面的投入和盈利能力，规划时一定要结合市场的定位分析、客群的定位分析，依据产品的受众范围、当地的消费级别设计购物消费的规模与内容。如果过大势必会造成无人气运营、成本高以及产品损耗严重等特点；如果过小也会造成人流与消费的不匹配，浪费旅游红利，降低盈利水平等。

# 第六节
# 产业观光旅游五种客群设计

　　客群是观光旅游项目的生命线，没有客群支撑的观光旅游项目最终都会以失败而告终，客群设计是项目运营立体化营销的基础。不同的客群所呈现的观光内容点是有区别的，要依据项目的投资规模、观光功能和产业特性做好客群设计，让项目在建设之初和运营伊始就能有的放矢。产业观光旅游项目，一般把客群划分成政治观光客群、商务观光客群、生活观光客群、研学观光客群、旅游观光客群等五类进行设计（见下图）。

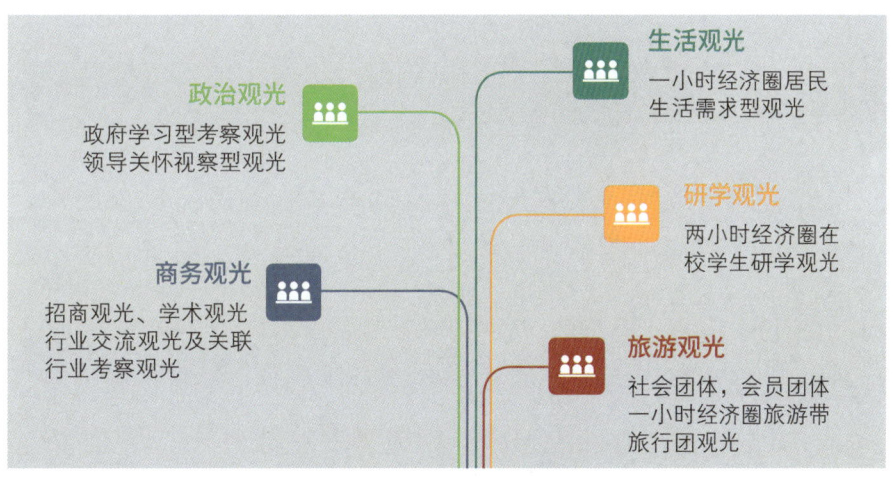

大东产业观光旅游客群设计

## ◎ 政治观光客群设计

　　一方面，我国正处于产业全面升级转型的时期，供给侧改革、三产融合、田园综合体、美丽乡村建设、特色小镇发展等都是政府在宏观调控、制定政策的探索期所提出的，这也倒逼各级政府成为学习型的政府，无论哪个地方有好的产业发展示范型项目，总能吸引带动全国各级政府纷至沓来地学习和考察，从而形成了有特色的政治观光客群。多数政治观光客群也是庞大的消费客群，在会议、购物、酒店餐饮等消费模块都会为项目带来巨大的收益。

　　另一个方面，任何产业投资发展都离不开地方各级政府的政策支持、领导指导和关怀，产业观光旅游项目属于多产业融合带动地方发展的好项目，项目建设之后一般都会受到地方各级领导的支持，从而也会形成地方领导参观指导型的政治观光客群。

　　要想做好政治观光客群的设计，首先，要把产业观光旅游项目做成地方的标杆项目，获得地方政府的大力支持和推广，从而吸引各地政府人员前来参观学习；其次，项目设计要反映社会效益并展示出来，如产业模式、生态模式、扶贫模式、就业模式、安全指标、税收指标以及推动地方经济文化发展等；最后，要认真考察研究项目地的产业发展特点、地方政策主导方向和地方上位规划等，然后依据政治观光客群的关注点来设计规划地方政府和企业都需要的政治观光场景，并能够从场景、视觉、听觉等各个层面满足政治观光客群的参观、互动、传播、学习的需要。政治观光客群的设计能为项目带来巨大的政策性红利，如各种政策性补助、融资等，还能为项目发展成熟后的品牌输出奠定良好的基础。

## ◎ 商务观光客群设计

商务观光客群是项目进行渠道开发、资源整合、品牌输出的商务合作型客群，也是庞大的消费客群，对于项目的购物、餐饮和酒店、会议等也有一定的支撑作用。

一个成功的产业观光旅游项目，像陕西袁家村、江西婺源、杭州的东方田园等本身也会成为同行业或其他行业考察学习的榜样，形形色色的考察团队与分享会自然会成为产业观光旅游项目的一道风景。

商务观光客群的设计要依据项目定位，分析客群类别和客群到来的途径，有的放矢地策划设计。首先，对企业的文化展览场馆进行创意设计，把企业的奋斗历程、匠心精神、创新精神等展现给世人，形成巨大的文化朝圣力，吸引各界人士前来学习。其次，设计企业的品牌创始人 IP，让创始人成为对项目进行精彩分享的演讲嘉宾，成为商业领袖，从而参加多地多形式

的分享演讲,吸引各地商业人士慕名前来学习。再次,突出宣传企业成功的商业模式或独特的营销模式,吸引各界前来参观取经;最后,不断策划项目的重大节事、新品发布会、行业大会等等,给众多合作伙伴和各界商业精英一个受邀的理由。

## ◎ 生活观光客群设计

在大众旅游时代,旅游是一种生活方式,产业观光旅游是美好生活的一部分。比如在日本,产业观光无处不在,一个四口之家在周末计划休闲旅游时,就会把家里的生活用品悉数盘点:洗化用品快用完了,大米见底了,鲜奶和奶酪没了,猪肉也没了,等等。然后这家人周末开始规划旅游路线——北海道。那里有鲜花烂漫的富田农庄,可以赏花,还可以带着孩子们一块做做手工的香皂和沐浴露,再购点精油、洗发水等。然后去北海道的大米农场品尝香甜可口的大米饭和怀石料理,晚上还可以住在田野民宿,与蛙鸣

相伴。之后去箱根农场，那里有美丽的牧场、新鲜的牛奶和牛羊肉，美食和购物两不误。最后去 MOKUMOKU（莫库莫库）农场，那里有日本最好吃的猪肉产品，在那里吃吃烤肉，购足一周的猪肉产品就能满载而归了，这就是日本一家人的生活观光模式。

随着美好休闲生活方式的深入普及，生活型观光客群会成为产业观光旅游的主流客群。在产业观光旅游项目里进行生活客群设计时，首先，要把项目设计成一个区域内某类产品的个性化生活体验目的地，让游客奔着一种美丽神奇的体验向往而来；其次，融入主题化的亲子娱乐互动项目，留住大人和小朋友的快乐时间；再次，设计丰富的 DIY 手工体验项目，满足一家人自己做产品的欲望；最后，做好产品规划、品类开发和产品延伸，甚至整合本地区周边的优质产品，形成丰富的购物场景，满足生活观光客群的一站式购物需求。生活观光客群一般是自驾游的客群，能真正实现汽车后备厢经济的营销模式。

## ◎ 研学观光客群设计

2014年8月21日国务院发布了《关于促进旅游业改革发展的若干意见》，首次明确了"研学旅行"要纳入中小学生日常教育范畴。通过开展研学旅行来增进学生对自然和社会的认识，培养其社会责任感和实践能力。随着我国研学旅游的不断深入，研学客群已成为产业观光旅游的重要客群之一。

中小学生是当下和未来的增长型消费者，产业观光研学旅游不仅能让学生学习到很多课堂上学不到的知识，学习企业的匠心文化、工艺流程和科学技术等，还能把企业品牌芯片从小植入孩子的脑海。所以对于研学客群的设计不能做成营销的组织设计和常规拓展类的项目设计，而要考虑以下几个方面。

首先，要结合各阶段学生的特点，依据项目自身特点把生产加工的各个环节编成可观光、可上课学习的研学教材，让孩子们在寓教于乐中掌握课外知识；其次，设计好研学的手工课程，让孩子亲手去做，去体验完成作品的成就感；再次，设计好研学旅游客群的配套项目，如餐饮、住宿、课堂等，设计好服务接待和安全保障措施等；最后，还要及时组织中小学生研学后的心得体会作文比赛活动，评出优秀的作文给予一定的奖励，让文章成为项目的传播软文。研学客群还能起到小手拉大手，带动父母、祖父母等亲友旅游团的效应，实现产品的延续消费。

## ◎ 旅游观光客群设计

旅游观光客群是指和社会上的很多社会团体，如企业单位、协会组织、旅行社相结合而形成的旅游客群。

另外还有一小时交通圈的知名旅游景区的旅行团，经过营销设计能形成大批的顺道产业观光的客群。所以我们总能看到旅游发达的地区最易形成产业观光旅游项目，像很多东南亚国家著名的旅游区等。这类客群也是产业观光旅游项目重要的营销客群之一，需要认真设计这类客群的营销方案和对接性功能。

首先，要把产业观光旅游项目做成当地景区带的一员，融入地方传奇文化，成为旅游路线上一颗非常明亮的珍珠；其次，把产业观光项目做成一个地方的特产生产加工地，这对于外来的游客有一定的体验型购物吸引力；再次，在规划当地旅游产品时，要把当地的产业观光旅游项目巧妙地穿插在各条旅游路线上，形成最经济、最好玩的观光旅游景点之一；最后，把项目设计成旅游带上吃、住、行、购、娱、学、养等诸多旅游要素中的一个非常重要的配套点，不用面面俱到，只做旅游线路上的重点配套。

## 第四章

## 未来产业观光旅游的颠覆性效应

近几年特流行的一句话『跨界打劫——毁灭你，与你何干？！』未来，农场难道只是生产农产品的吗？工厂只是加工生产的地方吗？餐厅只是吃饭的地方吗？商场只是购物的地方吗？工厂、农场可不可以成为青少年爱劳动、爱学习、爱发明的培训交流中心？产业观光旅游正在颠覆、打劫着所有的产业经营者！

纵观世界知名的产业观光旅游项目，大多都是颠覆了传统产业的发展模式，颠覆了品牌的认知模式，更颠覆了品牌的传播模式和销售模式。随着体验经济和场景时代的到来，产业观光旅游能够成为推动产业发展新场景、新体验的又一波热潮。所以，产业观光旅游的颠覆性效应是显而易见的，最突出的颠覆性效应一般反应在新零售效应、新传播效应、信任背书效应、变维竞争效应、商业生态圈效应、协同发展效应、产业道场效应八个方面。

# 第一节
# 新零售效应

在信息服务时代,新零售的根本含义是:通过数据与商业逻辑的深度结合,真正实现消费方式逆向牵引生产变革,实现从"货—场—人"到"人—货—场"的生产方式与销售方式大变革。进入体验消费时代,产业观光是新零售的进一步延伸,通过产业观光的场景化打造,然后导流一波波的游客进入产业观光基地,通过对产品文化和产品生产的体验认知,来实现对"货"的消费和产品的定制。由此可见新零售在产业观光中的进化应该是从"人—货—场"到"场—人—货"的模式转变(见下图)。

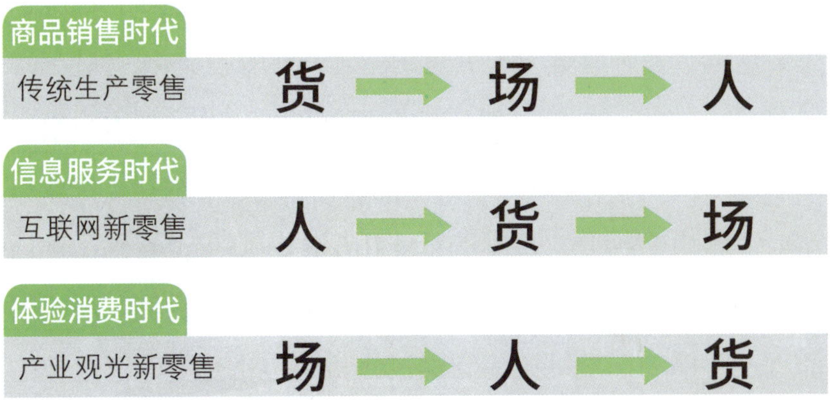

| 商品销售时代 | |
|---|---|
| 传统生产零售 | 货 → 场 → 人 |
| 信息服务时代 | |
| 互联网新零售 | 人 → 货 → 场 |
| 体验消费时代 | |
| 产业观光新零售 | 场 → 人 → 货 |

产业观光新零售演变分析

产业观光具有景点性的客源组织优势，一般也会基于互联网背景下"人"的连接，通过各种旅游网络、旅行社，以及各种社区、社群的连接等，来实现"游客"的市场组织。但这种连接不是虚拟的连接，一切都是基于真实的"场"的连接，通过场景化生产、场景化体验、场景化认知等场景化连接来实现"场—人—货"的产业观光新零售。

产业观光在新零售中的颠覆性效应突出表现在它得天独厚的场景优势。它可以通过极具创意的文化场景、生产场景、体验场景来吸引游客、连接游客，再把游客转换成消费者，然后抓住消费者的心理，从而实现线上和线下的新零售效应。

## ◎ 场景化体验效应

人类天生具有对"美"的向往与追求。产业观光项目是文化、艺术与生产的完美结合，一个个迷人的、神奇的、萌萌的场景总是能够引人驻足，让人情不自禁发出赞叹。因此，它能招揽源源不断的游客来体验迷人的场景和神奇的产品。

人类还有对"美好感觉"的向往，而在消费领域，增强体验是形成这种"美好感觉"的主要途径之一。体验文化、体验生产、体验产品，这些可视的、触摸的、真实的、360°的体验只有在产业观光的场景中才能实现。而通过体验，游客看到了企业质朴的初心、做事的用心、永恒的坚守和不懈的追求；看到了优质的原材料、工艺精湛的大师傅、行业领域的专家；看到了严密的工艺流程、严格的标准把控等。透过体验游客也感受到了企业的匠心、责任心和创新精神等，这种深度体验能够迅速升华游客对一个伟大企业的崇敬感和神圣感。这是任何电商和门店的新零售难以达到的体验境界。

## ◎ 场景化零售效应

消费者本来对于基地性、工厂性的产品销售都有一种特殊的"源头"场景感。梨子的滋味如何，必须得亲口尝一尝。眼见为实，体验为真，过眼的好产品才是真正的好产品。在消费者的潜意识里，无广告费、渠道费，工厂基地化的销售才是货真价实的产品。学习过，体验制作过，参与互动过，品尝过……自己的真实感情早已融入产品之中。好品牌，好质量，好服务，人头攒动，大家都在排队买呢——这些都能激起游客的购买欲，也促成了消费者坚定的购买信念，成为产业观光一种特有的零售效应。

## ◎ 场景化连接效应

新零售的一个重要维度就是以互联网为依托的大数据和云计算，来重塑业态结构与生态圈。而大数据的形成是由线上、线下体验服务，结合现代物流融合集成，这种融合积累需要极大的入口。而产业观光旅游项目本身就是一个旅游景点，大多知名的产业观光旅游项目每年接待游客都在数十万人次以上，项目本身就成为一个巨大的连接入口。

这些游客通过场景化的电子导游连接、互动体验连接、研学连接、购物连接等，迅速成为企业的会员、社群粉丝等，形成非常有价值的企业数据性资源，为产品的研发、品类的开发、产业链的延伸以及市场拓展营销等提供了大量的可靠数据。

## 第二节
# 新传播效应

在信息泛滥的时代，企业的品牌传播代价越来越高。高价位、高门槛的电视、报纸传播效果平平；车站码头、城市要塞各种户外广告更是投入和预期不成比例；就连前沿时尚的网络传播、自媒体传播，以及各类直通车、竞价排名也是血海拼杀，异常激烈。据京东核算，通过网络传播转化一个有效客户的成本在 150 元以上。

各行各业都在寻找新的传播方法，产业观光也是品牌推广非常有效的传播模式之一。产业观光主营销模式是社群营销，社群经营的是粉丝，核心粉丝的瞬间联动是未来商业的引力波。产业观光相对于一般的旅游形式的不同之处，就是让一波波的游客认知和传播品牌，形成特有的游客即媒介，场景即网红，分享即传播等新传播效应。

## ◎ 游客即媒介

在自媒体时代，每个人都是一个独立的媒体。中国旅游产业改革发展咨询委员会委员孙小荣在首届全国重点网络媒体旅游宣传研讨会上发表了题为《内容为王——大众传播时代旅游媒体的新价值》的主题演讲。他说旅游不仅是一个综合性的产业，更是一种综合性的媒介。任何一个地方，最好玩的资源，最有趣的历史，最自豪的文化，最精彩的故事，最耀眼的人物，最诱人的特产等都是旅游要素，都会成为游客分享传播的内容。

产业观光旅游项目就是把每个游客都作为非常有价值的媒介来进行设计，让游客从走进项目地开始，就在微信、微博、抖音等网络平台上发个不停。从而让游客积极快乐地传播，让游客成为口碑相传的快乐使者（下图为笔者考察日本富田农场时的微信照）。

## ◎ 场景即网红

诺贝尔奖获得者赫伯特·西蒙曾指出："随着信息的发展，有价值的不是信息，而是注意力。"这种观点被IT业和管理界形象地描述为"注意力经济"。

网红经济正是注意力经济时代的产物。新媒体诸如微博、微信的诞生以及大量直播平台——快手、抖音、内涵段子、火山小视频等的大量出现，也催生了各种各样的网红，由网红带动的商业价值更是让人咂舌。产业经营中各种场景化的呈现是产业观光旅游的看点，而这种看点形成的销售力量就是"注意力经济"。

台湾薰衣草森林是由两位怀揣梦想的女性创立的香草主题庄园，如今已经成为台湾幸福旅游产业的代表，连续几年入围台湾百大旅游景点。庄园里设计了非常多的具有"网红"传播触点的场景，如"净身仪式""导游小天使""梦想表情包"等（下图为笔者考察台湾森林薰衣草庄园照片）。

场景即网红，就是把产业观光旅游项目中的各种场景，设计成人人自拍、人人传播的网红场景；让不断创意的场景，成为网红的内容和网红的话题，甚至成为网红景点。

## ◎ 分享即传播

中国新华新闻电视网总编辑陆小华在2010年中国国际信息通信展览会新媒体论坛上说："即时分享正改变传播方式与社会

结构。"在今天,新闻不是昨天发生或几小时前发生,而是刚刚发生或正在发生;在今天,传播也不是单向,而是多向传播,多点互动,移动获得,移动表达,即时传播,即时分享。今天,我们看到分享的价值在于放大,如果用户愿意主动分享内容,活动的意义就放大了1.5倍;而如果用户分享的内容里包含了你的品牌信息,那活动的意义就放大了2倍甚至更多。

安溪县旅游局副局长陈育灿介绍,2016年春节期间,游八马,参观百茶园、现代化生产线及茶庄园;逛三和,参观三和创意茶文化博物馆、品尝观音汇茶食府特色茶餐以及观光工厂游等很受欢迎。八马、三和两家观光工厂迅速成为微信朋友圈里的"网红"。

三和茶业相关人员介绍,自获评省旅游观光工厂以来,三和茶业致力发展茶文化旅游,打造"茶餐饮、茶文化博物馆、茶园生态体验"三茶为一体的茶旅路线,游客数量和观光人数增长30%,传播效果非常明显,由旅游带动的茶叶销售同比翻番。

产业观光旅游项目会在诸多场景中设计激发游客分享的动机,让游客在观光中、体验中和消费中,不断地分享自己美妙的感受、收获的喜悦。而由分享带来的传播效应,则呈几何倍增长而无限放量扩大。

第三节
# 信任背书效应

中国产业经过30多年的成长，一些粗制滥造、假冒伪劣、问题食品等产品一直冲击着我们的信任底线。知名大品牌满足不了人们日益增长的需求，对很多产品的购买，大家都是小心翼翼地去选择。显然，信任已经成为众多企业的稀有资源。如何实现与消费者的信任连接？如何为产品寻找信任背书？很多企业可谓是想尽了办法，如来自"德国的技术"，来自"欧美的授权"，来自"生态的环境"等，都是企图为企业、为产品找信任背书的"门路"。其实，产业观光旅游是最好的信任背书，它通过文化膜拜效应、品牌认知效应、产品体验效应来实现企业与产品的信任背书。

## ◎ 文化膜拜效应

商道是根，文化是魂。一个企业的战略性思维会决定一个企业的使命愿景，文化的制度层次设计会使战略的落地成为必然，文化让制度拥有了灵魂，让游客深深理解我们不仅是"经济人"，更是"社会人"。因此，一个产业观光旅游项目的文化系统大多是相对完善的，很多项目都建设有文化长廊、文化馆或者博物馆。让游客走进去，从产业文化演变到企业文化的发展历程，从创始人的初心、毅力、坚守创业的故事以及企业的奋斗史诗，到企业的愿景、使命、价值观、社会责任、匠心文化、团队精神等，都会打动游客，也会深深地烙在游客的脑海里，激发着游客的情感，从而让参观后的游客由衷地产生一种对该企业和产品的文化膜拜效应。

## ◎ 品牌认知效应

在产能过剩的时代，产品让人眼花缭乱，品牌更是数不胜数，如何实现消费者心智方面的认知显得尤为重要。产业观光旅游项目让游客了解文化，认知产品的原材料，认知产品的生产工艺和流程，认知产品的知识成果与技术含量，认知产品的独特性、创造性、与一般产品的区别等。通过文化与产品的认知，让游客对企业品牌有一个立体的认识，最终在游客心中塑造出"好产品"的认知符号。而这种感知或认知能够带来游客对产品、品牌长久的信任效应。

## ◎ 产品体验效应

随着体验经济的到来，体验成为商业的驱动力。未来学家托夫勒认为，人民生活富裕以后，消费者对于商品的取舍依据不仅仅是质量、性能、价格等硬性标准，还开始重视所购商品能否为他们带来美感、自豪感、新鲜感和独特感，喜不喜欢，满不满意成为他们所关心的主要方面。由此可见，游客在选择商品时，将更加看重产品带来的心理和情感体验。

产业观光旅游是一种与产业经营有机结合的新型旅游方式，以工厂、基地的生产设施、生产流程、工人作业等工业生产风貌作为旅游项目，配以相应的解说、导览、DIY体验等服务，让游客得到观光、休闲、科普体验的同时，还能参与生产、参与制作、体验产品等。通过多元化的沉浸式体验，来激发游客对产品信任性消费的内在触发点和外在触发点。这些让消费者看得见的信任，才能创造游客值得回忆的情感要素，形成游客特有的情感化信任。

## 第四节
# 变维竞争效应

这几年特流行一句话:"跨界打劫——毁灭你,与你何干?"美团打劫了泡面,滴滴打劫了出租车,微信打劫了移动、联通等,跨界打劫就是变了维度的竞争模式。

在传统的产业经营中,多数企业的竞争维度都是雷同的,企业在广告宣传、渠道销售、生产加工、企业组织等众多维度都惊人的相似。但在未来新的市场竞争中,维度的变化将会为企业带来意想不到的竞争优势。产业观光也是企业进行"降维打击"和"升维打击"的另一种竞争模式。

### ◎ 降维打击效应

"降维打击",字面意思就是通过下降一个维度来进行打击。比如,在360杀进安全软件市场之前,卡巴斯基、瑞星等杀毒软件都通过向用户收取年使用费的形式来获取收入,这是它们核心支柱意义的一个"维度"。然而360一下子把收费这个维度彻底取消了,并且它在取消这个维度之后自己活得好好的,但卡巴斯基、瑞星等就傻眼了。面对竞争对手以取消一个要件的形式发起攻击，自己又离不开这个要件的时候，它们全无还手之力——就像刘慈欣《三体》小说中描写的那样，我们面对二向箔时完全无能为力。

所谓的降维打击，不过是通过消解要件来打破竞争对手的惯性生存条件。产业观光旅游项目的降维打击主要突出在两个维度。

**减去和传统产业在许多常规维度上的同质化竞争**

如在我国台湾地区和日本有许许多多的产业观光旅游项目，它们在项目投资之初就打破传统企业的竞争维度。不在传统广告领域、渠道领域等与同行竞争，把产业直接做成观光旅游项目，从旅游营销的维度来实现广告传播和产品销售。

如日本AKAGI本庄千本sakura工场。这是一家冰淇淋公司，最多一天接待3000多人来访，每年大约免费提供50万个冰淇淋。公司负责人表示，公司从来不做任何广告宣传，就是通过免费品尝和参观工厂，让消费者知道公司的商品和品牌。通过免费品尝，公司还掌握了产品消费动向，知道哪种产品更受欢迎。公司每年仅通过数十万上百万的游客，非常简单地就收获了品牌价值、销售利润、销售额等都高于很多同行的效益，这就形成了典型的降维打击效应。

**从产业的多元化竞争到聚焦**

在我国，很多产业经营都是跨行业的多元化经营，产业观光旅游项目往往要求产业经营的主题化与聚焦性，让企业死磕一个点，在一平方米的地方深挖一万米的经营哲学。这种减法式的聚焦经营也是一种降维竞争行为。把一类产品做到极致，超出消费者的想象和期待，这本身就能形成强有力的竞争势能，这种消减多元化的定位聚焦竞争模式，也叫降维打击效应。

　　如上图中台湾宜兰的橘之乡，占地不到7000平方米的观光农庄，历经三代人的经营，只生产一个产品——金橘蜜饯。它每年接待游客30余万人，死磕一个产品，但一个产品上的品类开发有60余种，年营业额折合人民币5000多万元。刘慈欣在他的小说《三体》里曾这样说："弱小和无知不是生存的最大障碍，傲慢才是！"可见，企业在聚焦定位和缩小规模后的竞争行为，也是一种有力的降维打击效应。

## ◎ 升维打击效应

很多问题在行业内部往往是无解的，比如滴滴不可能诞生在出租车的企业里。"不识庐山真面目，只缘身在此山中。"很多时候我们需要跳出产业的维度或商业的维度来思考，这种思考叫作升维思考。

首先，产业观光项目是多产业融合的项目。传统的产业经营——工业、农业或者商业分得非常清楚，做什么就做什么，很难实现跨界融合。但产业观光项目，往往是三产融合或者二产融合的产物，它会把种养殖、生产加工、旅游、餐饮、住宿、会议培训等多种商业元素融为一体。这种融合在产业经营维度上，是一种产业叠加现象，是产业经营维度的上升。

其次，产业观光项目是文化、艺术与生产加工完美融合的项目。传统的产业经营，往往突出生产或经营，在文化创新和艺术创作方面往往是弱项。但产业观光旅游项目为了实现观光效果，往往会在文化、美学、娱乐等诸多维度下功夫，甚至改变了工厂、农场、商场的经营基因。比如我国台湾的很多产业观光项目的名称，什么巧克力共和国、便当调查局、金色丰

收馆、发明馆、概念馆、故事馆、主题馆、体验馆、健康馆、探索馆、博物馆、密码馆、游乐园、梦工厂、知识馆、社区、公社、学院、工坊等。超出人们想象力的不仅仅是名称，更是从文化、艺术、体验创新等诸多维度来打造的新业态、新面孔。

最后，产业观光项目在产品的创新开发方面，可谓是用尽心机。传统的产业经营只把一种或几种主营产品做好就行了。但产业观光为了吸引和激发游客的购买欲望，在产品创新开发、延伸、衍生，甚至是周边产品的整合上，都做到了极致。由此可见，产业观光项目在产品方面和传统产业经营相比也是升维的。

## 第五节
# 商业生态圈效应

随着网络化推动和新技术的不断应用,随着共享经济的到来,商业环境日新月异,传统的商业模式正在逐渐被颠覆,使得商业生态建设成为时下最为热门的话题。企业纷纷尝试着构建自己的商业生态圈,来面对未来的新生态竞争。其实,产业观光旅游项目的建设,本身就是一个商业生态圈的建设过程,它对企业商业生态圈的建设具有非常大的促进作用。如社群形成生态效应、产业环境生态效应、商务合作生态效应、产融结合生态效应等。

### ◎ 社群形成生态效应

当下非常火爆的拼多多,就是典型的社交电商平台。还有多如牛毛的所谓 S2B2C 平台、分销平台,甚至包括依托传统电商——淘宝的淘客平台等。这都说明传统电商平台的进化必然是社交,必然实现人与人之间的直接连接,并随着社群不断进化,预测到 6.0 的时代将是大连接的融合时代(见右页图)。

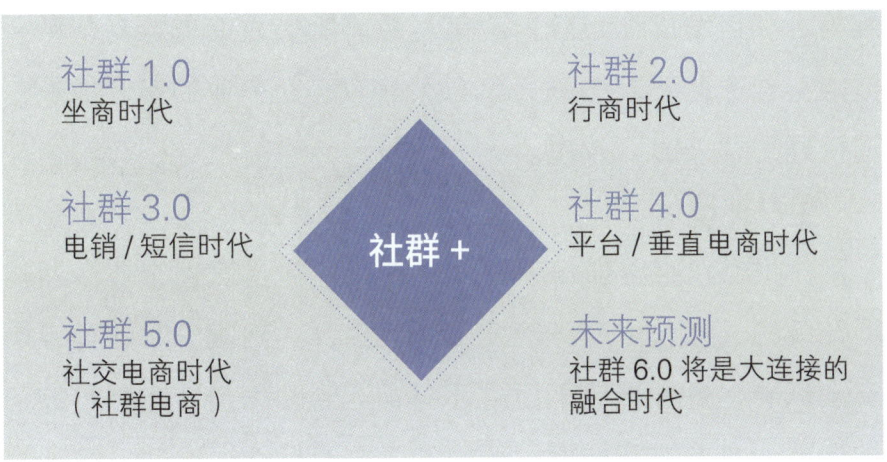

产业观光旅游项目是社群经济的场景化入口,也是继企业网商平台之后的又一个大的社群入口。一个产业观光旅游项目,每年游客少则几万人,多则数十万人乃至上百万人,这些人流在产业观光旅游过程中,依据组织模式和不同的爱好、兴趣点,都会被分成各种社群沉淀下来,跨越不同的物理空间聚集在同一个平台上形成生态型社群。随着社群数量和密度的不断增加,随着企业产品的不断创新和提高,产业观光旅游项目会为品牌的传播、新产品的发布和产品的销售打下坚实的基础。

## ◎ 产业环境生态效应

任何产业经营都离不开一定的生态环境,包括政策环境、生产环境和地方关系环境。

**政策环境**

产业经营要遵循国家的政策导向,符合国家政策,既要和国家产业结构调整方向同步,也要遵循地方规划与地方法规等。项目发展如果获得政策及政府的多方面支持与帮助，就能实现产业发展的政策生态型效应，为产业的顺利成长营造良好的"天时"效应。

### 生产环境

产业观光旅游项目的建设过程，往往是倒逼企业全面转型升级的过程。生产环境要干净卫生，达到国家的各种卫生安全标准，各种排放不污染环境，达到国家与地方制定的各种标准，或者达到种植、养殖的生态有机性标准等，实现生产环境与自然环境的"地利"生态效应。

### 地方关系环境

观光旅游能够实现巨大的"人气效应"，能够带动地方各个产业的融合发展，促进地方文化产业的发展，以及服务业的发展，带动就业和村民致富、精准扶贫，促进地方和谐发展，实现与周边百姓共生共赢的"人和"生态效应。

## ◎ 商务合作生态效应

产业观光旅游项目通过三产融合、产业整合，本身就会形成一个企业性的商业平台。在这个平台上，上下游及招商合作企业成员之间进行分工协作，为了共同的目标有机地联系在一起，形成一个整体，协同所有游客及消费者创造更大的价值，最终实现商业生态圈整体价值最大化。

在这个平台上，产业观光旅游项目的投资者作为东道主，起着统领与主导作用。通过场景化的观光旅游打造，同时也形成了上下游企业的品牌背书目的地和招商合作企业的品牌展示基地。

产业观光旅游在倒逼企业转型升级的同时，也会倒逼很多合作成员跟着升级或转型，做好原材料，做好产品，做好服务等，形成企业成员之间的共生、互生和重生。如此，企业的商务合作不仅仅是产业上下游的供应与销售那么简单了，而是形成了各商务合作企业成员一起共生共赢的生态效应。

## ◎ 产融结合生态效应

上述讲到产业观光旅游项目是一个综合性的商业平台，运营成熟后，在形成商务合作效应的同时，也形成了一定的平台主导方。

首先，主导方对上下游的资金档期有着权威的制订规则的权利，这样就能在产业链中形成产融结合的平台生态效应。

其次，产业观光项目要容易形成体验型的新零售场景，会员的销售、期权的销售等也会形成新的产融结合生态效应。

再次，产业观光旅游项目往往在三产融合、景点A级评定、研学、知名品牌等多方面迎合了国家的多种政策，也能获得国家及地方的各种政策性补助和低息贷款等，形成红利型产融结合生态效应。

　　最后，产业观光旅游项目成熟运营后，也易形成好的商业模式、盈利模式，以及品牌输出模式，获得资本的青睐，得到各种资本助力，进而生成腾飞的产融结合生态效应。

## 第六节
# 协同发展效应

产业观光旅游在新零售、新传播以及产业信任、新竞争形成和产业生态方面能够形成非常大的协同发展效应。除此之外，产业发展本身也会形成协同发展效应，可以形成产业链发展的延伸效应、多点盈利效应、品牌输出效应和数据协同效应等。

### ◎ 产业链延伸效应

一平方米的地方深挖一万米是未来产业细分化竞争发展的趋势。找到一个点，打穿产业链或守住产业链中最佳优势是企业未来的经营方向。

首先，作为产业观光旅游项目企业要向游客展示其产品的优质与优势，也势必会从整个产业链上来阐述，从产业链的上游讲述自己产品源于什么样的原材料，什么样的开发技术，自己整合或拥有什么样的种植、养殖或者开采基地等。

其次，企业要展示自己的科研能力与创新精神，会从产业链的中游讲述产品的延伸性、衍生性，从产业链的下游讲述产品在市场中的良好反应等。

一方面，企业得到良性发展和拥有一定的资本实力之后，都会迅速寻找在产业链中的发展优势，不断延伸投入产业上下游的优质资源。另一方面，产业观光旅游中企业为了满足游客对产业的体验感和丰富的产品购买感，也会努力延伸整合或投资上下游的优质资源，形成产业链发展效应。

如大东产业观光设计在规划米香米甜观光工厂时，从企业做生态大米、有机大米的使命出发，策划其在产业链的上游流转数千亩的优质水稻田，大力发展共生体系建设，做鱼稻共生、鸭稻共生、蟹稻共生等；在产业链的中游不断延伸开发新的产品品类，做出了降糖米、熬粥米、油蒸米等30多个品类。为了满足游客的体验感，利用自己在工厂生产的过程中产生的大量的碎米、谷壳等，在产业链的下游整合优质资源开发米醋作坊、米酒作坊、米线作坊等，既延伸了产业链又丰富了游客购买各类产品的体验。

## ◎ 多点盈利效应

产业观光旅游项目与传统的生产型企业的最大区别不只在场景化传播、场景化品牌认知、场景化产品体验消费上，还有多点盈利的区别。产业观光旅游项目在吃、住、行、游、购、娱、养和会议培训等多个领域都能实现多点盈利效应。像新西兰皇后体育小镇除了拥有多项盈利的体育项目外，还有非常多的度假村和葡萄庄园，都是非常好的盈利项目。法国格拉斯香水小镇的畅游花海、美容度假、香水制作培训、各种美容产品购物等盈利点也非常丰富。国内的青岛啤酒厂在做了产业观光旅游以后，每年接待游客 100 多万人次，在门票、吃、住、购多个盈利点下，青岛啤酒每年旅游盈利达 5000 万人民币以上，产生的利润相当于一个中型啤酒厂的年收益。

## ◎ 品牌输出效应

在产能过剩的时代，将一个新产业打造成全国性的品牌绝非一时之功，大多数产业都要从区域品牌开始打造。产业观光旅游项目是很多企业打造区域品牌的最佳道场。通过产业观光旅游，让一个区域的人认知我们的品牌、传播我们的品牌，形成区域品牌知名度。然后，把产业观光旅游项目复制到其他区域，就形成了新的品牌输出效应。

台湾地区的企业最善于品牌输出，在我国改革开放初期，大量的台商知名品牌考察大陆，纷纷在大陆建厂，实现品牌向大陆的输出。如今台湾的观光工厂也纷纷向大陆输出品牌。比如台湾号称"凤梨博士"的黄来裕先生，就已经开始在福建建设凤梨酥观光工厂。他结合大陆的三产融合政策，把田地、工厂和门店合为一体，让游客看到凤梨酥从原料种植到成品烘焙的整个过程，从而确信产品的质量。

"我们的产品，三分之一卖给了在体验区 DIY 凤梨酥的小朋友，三分之一卖给了旅游观光的游客，三分之一销售给了当地的居民。"黄来裕说，"工厂开业几个月来，每个周末都有很多孩子来'上课'，学习如何制作凤梨酥。"良好的口碑，让这座"梦工厂"的凤梨酥供不应求。下一步，黄来裕打算拓展工厂规模。

## ◎ 数据协同效应

产业观光项目既是社群网络场景化的人流入口，也是产品情景化体验信息反馈的入口。通过产业观光，可以把会员黏度、会员喜好数据、产品优化数据、生产定制数据、研发创新数据等各种数据，全部连接协同起来，为产业的良性发展提供高效的决策依据。

## 第七节
# 产业道场效应

在儒家文化里，道场原指修行学道的处所，后泛指佛教、道教中规模较大的诵经礼拜仪式，如水陆道场、慈悲道场、天师道场等。中国文化历来讲究儒释道的融合，如果一个地方或一个企业依据特有的发展模式，把某一产业做大做强，做得具有行业影响力、区域影响力，进而形成一个地方特有的产业精神、匠心文化、生态发展模式，那么就会形成地方名片与地理标志，形成强大的产业磁场和传播道场。让更多的人慕名前来消费生活和文化朝圣，这就形成了一个地方或一个企业的产业道场效应。产业道场效应的形成，一般经由正念效应、正品效应、弘道效应三步形成。

### ◎ 正念效应

人民日报曾在一篇报道中提到："西天取经"不如"念好自己的经"。

是的，每个企业都有自己的经。是正经还是歪经，就不好说了。一个企业敢于把其所经营的产业当作观光旅游项目公布于众，一定有它内在的正气和外在的胆略。所以，产业观光旅游项目一定有它自己一套完整的"经文"来念。这套经文也就是企业的文化系统，它用来告诉自己和消费者：企业是如何坚守正道，如何做良心产品，有什么样的初心，有什么样的价值观及使命感等。念什么样的"经"，就走什么样的路。举正念，走正道，就构成了一个企业的正念效应。

## ◎ 正品效应

如果说正念是一个企业念的好经，那么正品则是一个企业生产好产品的行为表现，这也是产业观光旅游项目所要呈现给游客的正品体验。

正品首先表现在一个企业的产品系统方面，能够反映产品的统一性和专注度；其次，表现在企业对原材料的选择、工艺流程、安全健康标准管控等方面，能够反映产品

的正确内涵；最后，表现在产品的外在形象，不浮躁、不夸张、不粗糙，简明而艺术，物美而价适，能够反映产品的内外兼修。正品是正念的延续，构成消费者对品牌的基本认知，这种认知带来的敬重、喜欢和消费就是产业的正品效应。

## ◎ 弘道效应

佛说："因我礼汝。"意为因为我的形象存在，你起恭敬心拜下来。佛像只是一个代表而已，其实你是拜你自己，你的心，

你的诚敬。一个企业在做好正念、正品之后，就自然会产生对世间万物的敬畏之心，就会把企业、产业、产品当作生命一样去对待。祈盼着把自己的好产品和好服务像阳光一样惠及所有人，这种敬畏是从内向外发出的光芒，会感动所有消费者的。游客来到一个观光工厂、观光农场、产业观光园区等，所要感收和寻找的正是这种敬畏心。

这个时候，企业的文化自信非常强大，由文化自信而形成的销售系统也是如虎添翼。销售甚至变成了弘道，因为销售的不仅仅是产品，还是一种精神，一种文化，是造福天下的宏愿。就像褚老爷子的褚橙，卖的难道只是橙子吗？褚橙庄园，慕名而来的游客络绎不绝，老人家的经营哲学、不老的奋斗精神不也在普度众生吗？

产业观光旅游项目之所以能够缔造出产业道场，是因为它是从内倒逼企业转型升级、优化产业结构布局、优化产品升级，匠心打造企业内涵。从外改变企业形象环境，打造文化型、生产型、体验型场景化观光。产业观光旅游项目借势休闲时代的巨大旅游红利，助推产业品牌的建设与传播、认知与销售，实现品牌的区域文化影响力，建成游客推动、消费者推崇、社群裂变、行业内敬仰的文化朝圣产业道场。

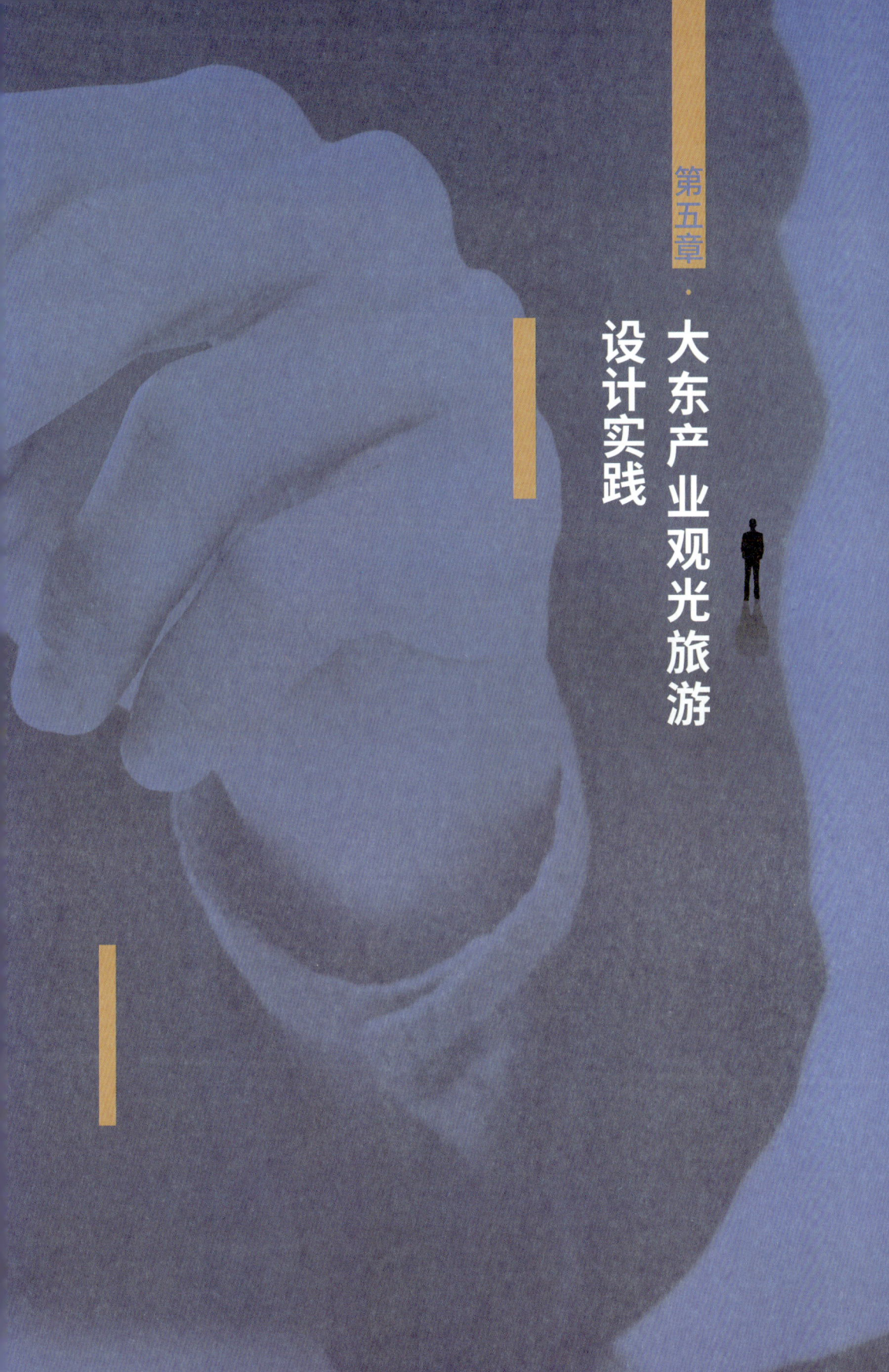

第五章 · 大东产业观光旅游设计实践

# 案例一
# 水牛稻田园公社
# 产业观光旅游设计

水牛稻田园综合体规划设计
SHUI NIU DAO TIAN YUAN ZONG HE TI GUI HUA SHE JI

## ◎ 设计背景

该项目位于河南原阳县太平镇水牛赵村,距郑州市区约35千米,总规划面积3000亩左右。

原阳县南临黄河,位于新乡市南端,古因张良刺秦闻名于世,今以原阳大米享誉全国。原阳曾是片盐碱地,自20世纪70年代开始利用黄河水冲洗改良土质后,不经意间开辟了当地麦稻轮耕的传统。黄河水给原阳土地带来了有机化合物和多种微量元素,加上盐碱地给稻米赋予的天然碱性，使原阳大米拥有独有的香味而名噪一时。原阳大米有"中国第一米"的美誉。

2002 年，在太平镇水牛赵村村支书赵俊海的带领下，成立了家庭合作社，秉承有机耕作的理念，开发了原阳"水牛稻"有机米品牌。历经十多年的耕耘，"水牛稻"已发展成为中原地区颇具影响力的会员制有机农庄品牌，年产有机稻米 200 多万斤，同时供应稻田蟹、有机蔬菜和蛋禽等有机农产品。

为响应国家"美丽乡村建设"的号召，原阳县政府借鉴国际农业旅游的成功经验，让村民享受到农业致富的益处，提前实现当地脱贫目标，并支持水牛稻农业开发集团在太平镇全面推广有机农庄合作社开发模式，引入多元产业形态，加强名企合作，依托"水牛稻"知名品牌，将太平镇开发成一个具有中原特色的三产相融、产城结合和村民共享的大型田园综合体示范镇。

## ◎ 设计理念

项目依托国家田园综合体的建设发展政策，通过产业观光旅游设计，把水牛稻打造成为共建、共享美好田园生活的田园综合体。

共建、共享美好田园生活的理念，是通过设计让土地更生态、更高效；把农民变成产业工人，农民不再是传统的农民，而是有梦想的创业者；通过土地租赁和民宿建设，让农民的土地和房屋实现高附加值的租金；打造可度假、可生活的美丽田园，让城里人喜欢到此度假；搭建从农田到餐桌的一站式采购平台，营造农民与食客间的亲密合作关系，形成大量的"城市农夫"会员；打造艺术稻田、运动稻田，形成艺术运动的新田园；产融结合，让产业资本与金融资本共享田园新收益。

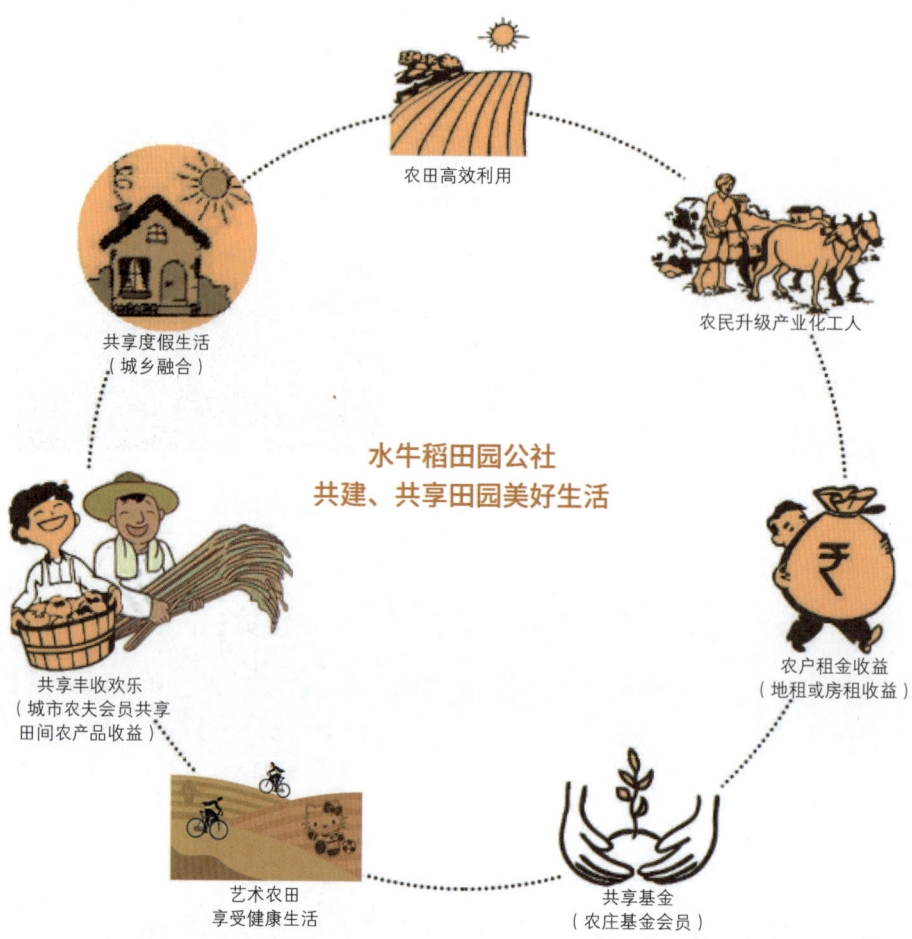

项目策划设计，旨在发挥农业共享互利的优势，与度假生活、教育、娱乐和文化艺术等社区功能相连接，强调共享生活方式是人类摆脱消费主义的生活升级。

秉持创新、协调、绿色、开放、共享五大发展理念，建构环境生态、农业生态、品牌生态，实现可持续发展、达成美好生活的生态田园。

将社会价值与农业产业及商业效率一体价值闭合同构，以共享生活设计学为方法，通过社区农业再造、人与自然的互联互惠，构建社群、生态、经济、生活、规范五维价值空间，以城乡互动的双流交融，促使共享组织、共享产业、共享社区三体共生，社会资本和金融资本双轮驱动，建设社会组织和产业协作的社群共享生活的商业模式。

## ◎ 设计依据

### 国家政策依据

|  |  |
|---|---|
| 十九大报告提出【新理念、新思想、新战略】**开启了新时代农村振兴新篇章** | 2017年10月18日，习近平同志在十九大报告中指出，坚决打赢脱贫攻坚战。要动员全党全社会力量，坚持精准扶贫、精准脱贫，坚持中央统筹省负总责市县抓落实的工作机制，强化党政一把手负总责的责任制，坚持大扶贫格局，注重扶贫同扶志、扶智相结合，深入实施东西部扶贫协作，重点攻克深度贫困地区脱贫任务，确保到二○二○年我国现行标准下农村贫困人口实现脱贫，贫困县全部摘帽，解决区域性整体贫困，做到脱真贫、真脱贫。 |
| 2018年1月2日 | **中共中央国务院《关于实施乡村振兴战略的意见》** 实施乡村振兴战略，是党的十九大作出的重大决策部署，是决胜全面建成小康社会、全面建设社会主义现代化国家的重大历史任务，是新时代"三农"工作的总抓手。 |
| 2017年6月5日 | **财政部又印发了《开展农村综合性改革试点试验实施方案》（财农〔2017〕53号）** 并发布了开展田园综合体建设试点的通知，决定从2017年起在有关省份开展农村综合性改革试点试验、田园综合体试点。 |
| 2017年5月25日 | **财政部印发了《关于开展田园综合体建设试点工作的通知》（财办〔2017〕29号）** 确定河北、山西、内蒙古、江苏、浙江、福建、江西、山东、河南、湖南、广东、广西、海南、重庆、四川、云南、陕西、甘肃18个省份开展田园综合体建设试点，每个试点省安排试点项目1-2个。 |
| 2017年2月5日 | **"田园综合体"作为乡村新型产业发展的亮点措施被写进中央一号文件** 支持有条件的乡村建设以农民合作社为主要载体、让农民充分参与和受益，集循环农业、创意农业、农事体验于一体的田园综合体，通过农业综合开发、农村综合改革转移支付等渠道开展试点示范。 |
| 2015年5月5日 | **推进农村一二三产业融合发展被写进国务院一号文件** 推进农村一二三产业融合发展。增加农民收入，必须延长农业产业链、提高农业附加值。立足资源优势，以市场需求为导向，大力发展特色种养业、农产品加工业、农村服务业，培育发展一村一品、一乡（县）一业，壮大县域经济，带动农民就业致富。积极开发农业多种功能，挖掘乡村生态休闲、旅游观光、文化教育价值。 |

### 上位规划依据

政策性文件：

《关于印发 2017 年新乡市推进郑新融合发展工作方案》

《黄河流域综合规划（2012—2030 年）》防洪标准及防洪措施安排原则

《国家发展改革委关于印发河南省黄河滩区居民迁建规划的通知》（发改农经〔2017〕1460 号）

《2017年新乡市郑新融合发展工作方案》

《2017年原阳县政府工作报告》

《2018年原阳县政府工作报告》

《2019年原阳县政府工作报告》

《郑州市人民政府关于加快乡村旅游转型升级的意见》

2018年中共中央、国务院关于《乡村振兴战略规划（2018—2022年）》

规划类文件：

《原阳水牛稻项目首期启动区策划案》

《原阳县重点项目建设说明》

《原阳县土地利用总体规划（2010—2020年）调整方案》

《原阳县总体规划修编项目》

## ◉ 水牛稻IP体系构建设计

中国的旅游产业在经历了资源为王、渠道为王、内容为王的发展阶段后，已经进入了IP为王的发展阶段。

进入IP时代，作为水牛稻田园综合体，产业观光旅游不仅要有实体的内容，而且虚拟和再造也可以转换成为更大的价值。

通过IP来提炼水牛稻的文化灵魂，提升统领整个项目的主题及文化形象。通过IP让整个项目有亮点、有个性，让文化自带流量，实现发酵性传播。

## 

| 提升 | 统领 | **IP** | 点睛 | 传播 |

打造水牛稻的文化IP，以文化软实力提升项目自身价值，带动产业和区域发展

策划代表水牛稻的IP，利用其自身传播和引爆性，提高项目的传播广度和深度，带动品牌、产品的传播

策划水牛稻IP，统领整个项目，让项目符号化、主题化、系统化

通过IP，挖掘水牛稻文化，赋予项目文化新意，塑造项目的核心吸引力，让水牛稻项目实现特色个性、内涵提升的转变

IP 的构建首先从梳理文化开始。

## 水牛稻的基础文化

**水牛文化**
水牛赵的先祖以养水牛为业，开创家园；
水牛的精神品质也是水牛赵人的精神折射；
……

**稻米文化**
这里是原阳大米的核心产区；
稻米是这里的核心产业，这里是贡米产地，也是"中国第一米"产业……

**农耕文化**
传统的水稻农耕文化，到现代的生态农业文化，农耕文化自这里一脉相承，薪火相传……

**乡村文化**
这里是北方水乡，稻米之乡；
诗画田园，乡村记忆；
围绕水稻形成了乡风民俗

## 水牛稻的文化元素提炼

**传统农耕文化代表**
水牛是水牛赵人曾经的耕作帮手，耕耘种稻功不可没，是水牛赵历史文化的见证和标志

**传统品德精神表征**
勤劳、朴实、忠诚、不断耕耘、任劳任怨

**现代农业开拓精神象征**
如今的水牛赵人依然耕耘在这片土地，不断发展创新，堪称现代新农人

**悠闲田园乡村生活的标志**
水牛驮着牧童，笛音弥漫稻田
水牛耕作水田，乡民荷锄而归

## 水牛稻的文化元素抽象化提炼

### 水牛稻IP故事构建

相传,为阻止牛郎和织女相会,王母取发簪而划天河(传说天河就是黄河),致河水流向人间,生灵涂炭,遂命金牛星治水患。

金牛星不忍看到百姓生灵涂炭,便幻化成水牛,和生活在黄河边的村民一起引黄河水,种水稻,变害为利。村民为感金牛星治水、种稻之恩,将其所化的水牛尊为稻神,奉为图腾。

村里人多数人姓赵,并将村名改为水牛赵村。后来,牛郎和他的孩子们也来到了黄河边的这个小村庄,日复一日踏实生活,期盼着每年七夕的团聚……

自此,水牛赵村不断繁衍生息。他们传说着牛郎与织女的故事,他们把勤劳善良的男人都称作"牛哥",把善良贤惠的女人都称作"织娘"。村里人人都勤勉踏实地生活,家家养水牛、种水稻……为了种出更好的水稻,他们把虾、蟹引入稻田,实现生态种养……这里流传着牛郎织女的传说,这里的人们像牛郎一样勤勉踏实、开拓进取,正是他们的努力,才形成了如今良田美池、阡陌交通、热闹欢乐、悠闲自在的美丽家园……

进入新时代，水牛稻人依然秉承牛郎精神，守着这片土地，沿着前人的足迹，又不断超越，种着有机"水牛稻"，过着诗意的田园生活……

水牛稻 IP 形象设计

水牛稻 IP 形象运用

水牛稻 IP 元素在服饰中的视觉化

水牛稻 IP 元素在产品包装上的视觉化

把水牛稻 IP 与文化创意产业相结合，延伸影视动漫、游戏传媒等产业链，让其二次元化。实现水牛稻 IP 的价值转变和文化张力扩展。

水牛稻 IP 二次元

水牛稻 IP 在观光车上的运用

水牛稻 IP 在特色景点和节日活动上的光影运用

## ◎ 核心区建筑景观规划设计

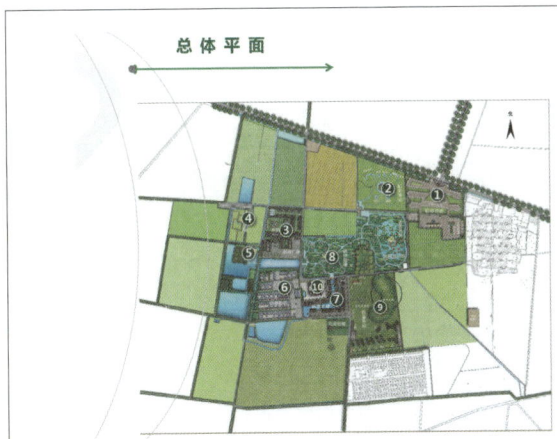

水陆空三维发展
十组团有序推进

1. 稻田迎客
2. 稻乡渔家
3. 米脂温泉
4. 畅游稻田
5. 田园论坛
6. 诗画稻村
7. 稻花水巷
8. 鹊桥仙境
9. 牧童乐园
10. 文化产品体验中心

水牛稻产业观光旅游迎宾入口效果图设计

水牛稻产业观光旅游稻田生态停车场效果图设计

## 稻乡渔家（稻蟹、稻鸭共生区观光体验设计）

稻乡渔家是水牛稻稻蟹、稻虾、稻鸭、稻鱼立体养殖的共生区，游客可以划着船观光体验鱼稻共生的场景，可以购些小鱼和鸭儿互动，还可以划着船向"东吴"的草船上射箭。

## 米脂温泉（稻米养生观光体验设计）

米脂温泉项目是世界独创，在稻田地里设计温泉泡池，让游客在稻田里拥有用白米、黑米、紫米、黄米等泡出的特色温泉体验。另外，把各种米打成粉状，制成米脂泥，让游客糊到身上，来感受稻米的养生美容之效。

## 牛郎岛（IP 文化观光体验设计）

在占地 150 余亩的荷花塘中心，设计了一个面积为 300 平方米的岛，结合项目的 IP 设计，该项目取名为"牛郎岛"，该项目中设计有鹊桥仙汇、牛哥聊爱情、荷塘游船、王莲祈福、亲子木桶乐园、牛哥咖啡屋等。

## 稻花水巷（水牛稻休闲文化观光体验设计）

稻花水巷位于水牛稻的核心区，是占地60余亩的乡村水上休闲街区，设计有两个独立小岛、四个半岛、一个廊桥、四个拱桥、两个码头、十一处停靠点。

该街区以水牛稻的乡稻文化为背景，设计有水上移动餐厅、草编艺术屋、稻鲜空间、乡稻咖啡馆、甜蜜年糕店、水牛稻寿司屋、爆米花冰屋、织娘彩锦坊、水牛稻文化博物馆、水牛稻产品体验中心等。

## 诗画乡村（民俗文化村观光体验设计）

水牛稻民俗文化村是水牛稻核心区的自然村庄之一，依据现有的房屋建筑结构，把外部墙壁和门头进行翻新，创作有关稻田

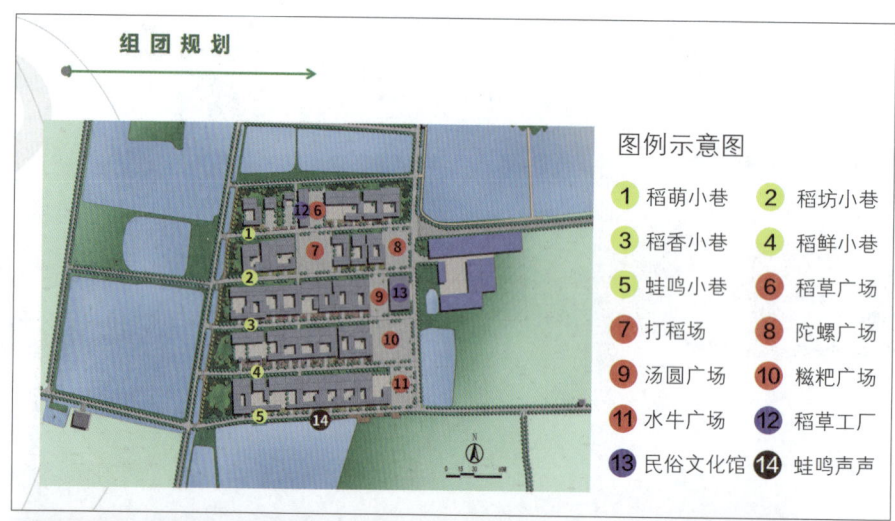

组团规划

图例示意图
1 稻萌小巷　2 稻坊小巷
3 稻香小巷　4 稻鲜小巷
5 蛙鸣小巷　6 稻草广场
7 打稻场　　8 陀螺广场
9 汤圆广场　10 糍粑广场
11 水牛广场　12 稻草工厂
13 民俗文化馆　14 蛙鸣声声

文化的诗词的绘画和2.5D画等,形成诗画乡村。再结合产业布局,规划设计有稻萌小巷、稻坊小巷、稻香小巷、稻鲜小巷、蛙鸣小巷等五条街巷。五条小巷承载着作坊、小吃、民宿等。

## ◎ 项目投资设计

大型田园综合体的发展，一靠投资，二靠运营。在投资和运营的双轮驱动下，方可高效发展。

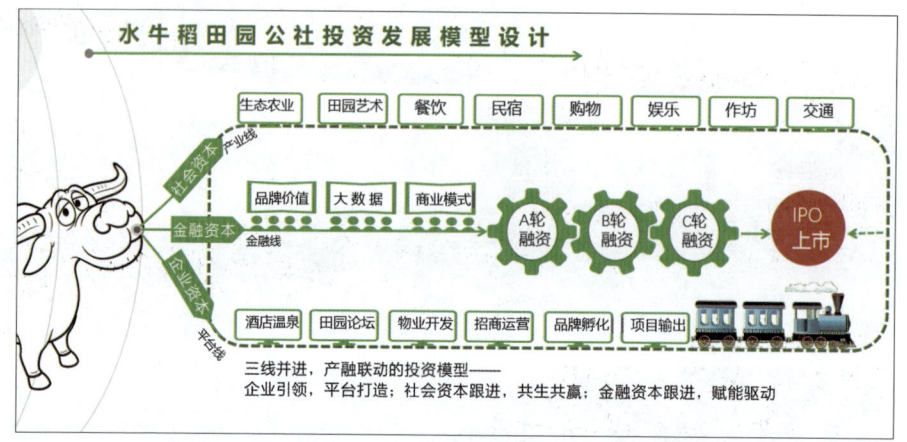

水牛稻田园综合体的设计理念就是共建、共享的发展模式。所以，在投资模式设计上，从一开始就设计平台投资线、产业投资线和VC投资线三线并进，产融联动的投资发展模式。

平台投资线，由创始人和天使投资人组成。在平台投资线，设计完善好股本结构，要不断招揽天使投资人，共同打造好、运营好水牛稻田园公社的平台。

产业投资线，是要把水牛稻田园公社的很多子项目拿来招商、销售等，比如养殖、种植、民宿、娱乐、一亩三分田销售等，让更多的社会产业资本、城市居民资本进入水牛稻，和水牛稻共建、共享发展。

VC投资线，要设计好商业模式、盈利模式，做好商业计划书，找VC投资商来投资水牛稻，最后推动水牛稻田园公社向资本市场快速发展。

## ◎ 运营策划设计

一切设计都是为了运营。水牛稻属于逐步发展期，所有的运营都要围绕着现有资源，发挥出超资源的运营效果。

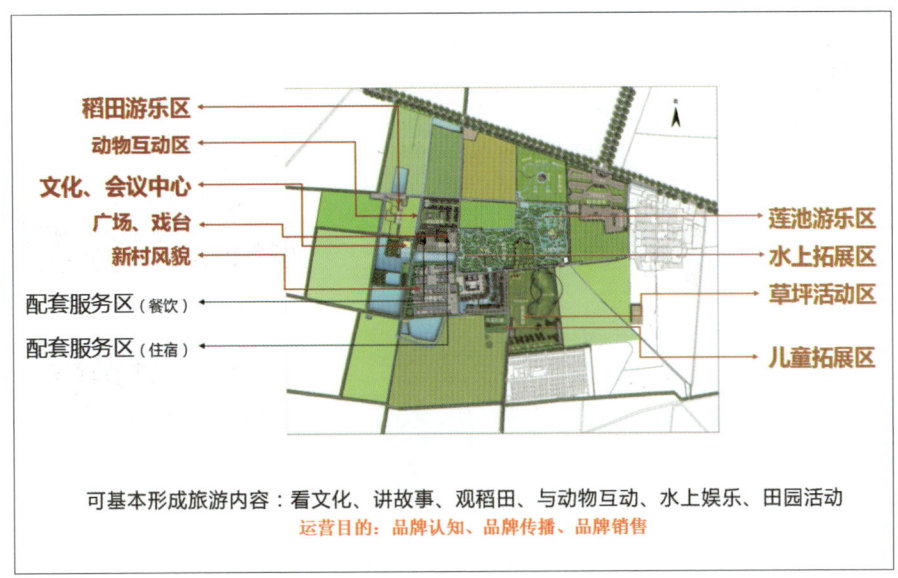

**水牛稻 2019 年可运营的功能区域**

2019 年，依据现有可运营的资源，来设计一年的运营方案，以看乡村稻田文化，听水牛稻的故事，观看稻田艺术，以及田园娱乐互动等为主要内容。运营的目的是获得大量游客对水牛稻品牌的认知，让游客通过移动互联网来广泛传播水牛稻，最终获得都市稻夫 VIP、一亩三分田的销售和各种大米产品、大米延伸产品的销售。

2019 年运营的原则，首先是轻资产，重活动，聚人气。依托水牛稻项目现状和投资计划，2019 年的运营以做活动为主，根据活动的实施需要进行配套投资，比如轻资产建设游客服务中心等。同时，以活动聚人气，回笼资金，反哺投资。同时实现以活动推品牌，以活动练团队，以活动促建设。

运营原则

**1　轻资产，重活动，聚人气**　2019

依托水牛稻项目现状和投资计划，2019年的运营以做活动为主，根据活动的实施需要进行配套投资，比如轻资产建设游客服务中心等。同时，以活动聚人气，回笼资金，反哺投资。

- 旅客服务中心
- 观光道路
- 景观小品
- DIY工坊

- 以活动聚人气
- 以活动推品牌
- 以活动练团队
- 以活动促建设

其次，加配套，重招商，增盈利。围绕旅游吃、住、行、游、购、娱、学七要素，完善配套项目，服务于全年活动的开展。此类项目可对外招商，如配套餐饮增加小吃业态，配套住宿引导村民改建民宿。围绕活动的开展，完善要素体系，增加运营收益。

运营原则

**2　加配套，重招商，增盈利**　2019

围绕旅游七要素，完善配套项目，服务于全年活动的开展。此类项目可对外招商，如配套餐饮增加小吃业态，配套住宿引导村民改建民宿。围绕活动的开展，完善要素体系，增加运营收益

- 增加业态，完善 **餐饮** 体系
- 增加业态，完善 **购物** 体系
- 增加业态，完善 **住宿** 体系

- 娱乐项目招商
- 餐饮项目招商
- 农特产品招商

2019年，全年的活动策划分为五个活动月：春游——"见稻春天"美田运动会；插秧——谷神文化节；赏画——稻田艺术节；收稻——丰收节暨稻米文化节；春节——"见稻年味"水牛稻民俗文化节。通过五个活动月来制订全年的运营管理计划和营销计划。

| 序号 | 关键词 | 时间 | 名称 | 主要内容 |
|---|---|---|---|---|
| 1 | 春游 | 4月5日—5月5日<br>4月5—7日清明节 | "见稻春天"美田运动会 | 看油菜花、放风筝、田园运动 |
| 2 | 插秧 | 5月25日—6月23日<br>6月7日—9日端午节 | 谷神文化节 | 收麦、祭谷神、插秧、赏荷、划船、包粽子、做寿司 |
| 3 | 赏画 | 7月6日—8月25日<br>8月7日七夕 | 稻田艺术节 | 乘热气球、乘直升机、骑自行车看稻田画，赏荷、摸鱼捉蟹、划船玩水、七夕夜游 |
| 4 | 收稻 | 9月13日—10月7日<br>中秋节到国庆节 | 丰收节暨稻米文化节 | 割稻子、舂米、打年糕、乘热气球、乘直升机、划船、滚草球、美味嘉年华、看稻田锣鼓丰收舞 |
| 5 | 春节 | 12月28日—次年2月9日<br>农历腊月 | "见稻年味"水牛稻民俗文化节 | 热闹田野，欢乐稻草人、大型稻草乐园、田园滑冰、滚草球、拉耕犁、舞狮子、舞龙、点荷灯、扭秧歌、篝火晚会、做汤圆、做年糕、美味嘉年华 |

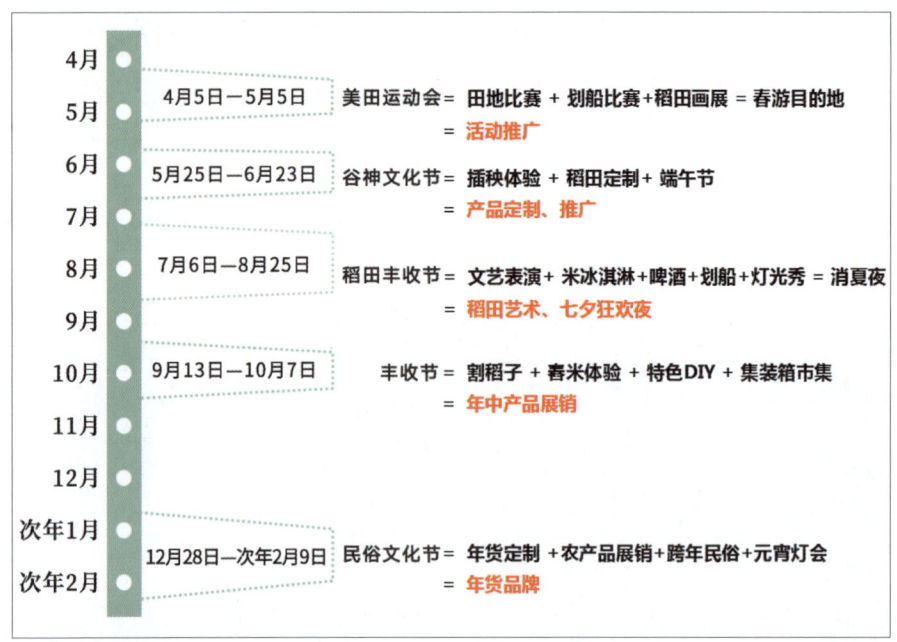

水牛稻的运营理念是：共建、共享美好田园。所以，水牛稻的整个运营过程都伴随着招商与合作。除了直升机、热气球、观光车、稻草乐园、各种地方特色小吃等，在稻田画方面也设计了招商模式。稻田画每年都要有新主题，因为其种植设计复杂，所以成本比较高，如果没有好的商业模式，很难年年持续下去。

在运营设计时，我们想到了稻田画用广告招商的模式进行。设计优美、规模较大的稻田画本身就是网红，自带流量。如果设计成企业的品牌广告宣传画，会为企业带来意想不到的宣传效果。

## ◎ 研学教材设计

水牛稻目前是新乡市市级研学基地，还没有获得省级研学基地的批准。考虑到水牛稻目前住宿和餐饮的接待能力，以及现阶段的运营需求，我们先设计了 3~6 岁的幼儿研学教材。

对少儿研学教材的设计,是希望通过小手拉大手的研学模式,吸引更多的亲子客群来到水牛稻,体验水牛稻的农耕文化,感受水牛稻的生态田园,品尝水牛稻的稻鲜美味。

通过亲子研学体验,实现水牛稻"我家一亩三分田"的私家田园销售,实现水牛稻大米消费的都市会员粉丝的销售,实现水牛稻从小朋友开始就注入"品牌芯片"的使命。

# 案例二
# 蔡洪坊酒产业文化园产业观光旅游设计

◎ **设计背景**

　　河南蔡洪坊酒业有限公司是河南省驻马店市重点白酒企业，新蔡县是我国的历史名县，有着悠久的历史。蔡洪坊酒1991年、1992年连续两年荣获中国优质白酒金奖，1993年荣获河南省优质产品金奖，2003年荣获中国食品博览会金奖。

　　蔡州特曲，始于春秋时期。当地因盛产五谷，酒香飘逸，酒肆如林，孔圣人周游列国曾两次在此驻足，闻酒香下马品尝，盛赞"酒味香醇"，县城至今仍存"子路问津处"。

（左图为酒厂生产区的高塔楼，右图为伯夷水塔）

　　酒厂生产区入口的高塔楼是1958年建设的，曾是新蔡县的第一高塔，那时的酒厂职工可以在这个塔顶北望洪河，俯瞰新蔡县城。

　　厂区的水塔叫伯夷水塔，是为纪念中华第一井的开掘者、新蔡先贤——伯夷而命名，是蔡洪坊的酿酒水源。水塔于1958年建成，井深368米，水质偏酸性，pH值在6.9~8.5之间，其水质中含有硒、锶等多种有益于人体的微量元素，是最佳的造酒用水。

　　蔡洪坊酒厂的生产区独立于行政区，原粮库、粉碎车间、制曲车间、藏曲车间再到窖池、储藏区、包装车间等，从南到北，从西到东有序地排布。窖池是酒厂的宝藏，纯粮食酒在这里经过窖泥、曲块和原粮的神奇反应而获得生命。蔡洪坊现有清中期窖池193口，是新蔡县的文物保护单位。

　　2010年，知名企业家李华伟先生收购该酒厂，酒厂迅速完成改制并通过ISO9001：2008国际质量管理体系认证，开发了"浓香淡雅、酒体醇厚、柔和爽口"的"蔡洪坊"系列品牌。蔡洪坊酒2011年、

2012年荣获全国农洽会金奖，2013年荣获河南省名牌产品称号。

蔡洪坊酒至今仍采用和传承传统酿造工艺，纯粮固态发酵，大师手工酿造而成。其先后获得了中国绿色食品企业认证、河南蔡洪坊酒业老窖池群文物保护单位、蔡洪坊酿造传承技术非物质文化遗产保护等殊荣。

产品是纯正的粮食酒，厂区是有历史、有遗迹、有故事的老厂区，再加上李总是一个有强烈社会责任心和使命感的人，我们对蔡洪坊酒业的产业观光设计充满了信心。

2013年公司升格为河南蔡洪坊酒业有限公司，开始筹建蔡洪坊酒文化产业园区。企望通过"产业＋旅游"的方式，倒逼企业全面创新研发，提升酒品质量和酒品品类，重构产业文化体系和企业文化体系，扩大生产规模。实现生产、科研、商务观光、会员观光、社群观光、研学旅游、住宿餐饮、婚庆文化、产品订制、体验购物等融合发展模式。

2018年9月，"蔡洪坊"商标被国家工商总局商标局认定为中国驰名商标。

2018年10月，蔡洪坊酒业酒文化园，获得国家3A级旅游景区称号，并举行揭牌仪式开始正式运营。

## ◎ 设计理念

对蔡洪坊酒厂的打造，我们遵循打造产业观光旅游项目的三个基本思路：

**旅游倒逼产业转型升级**

以旅游倒逼产业转型升级，使其从生产层面、环境层面、文化层面、产品层面、管理运营层面等进行全面升级,这是旅游环境的保证,更是产品品质的保证。

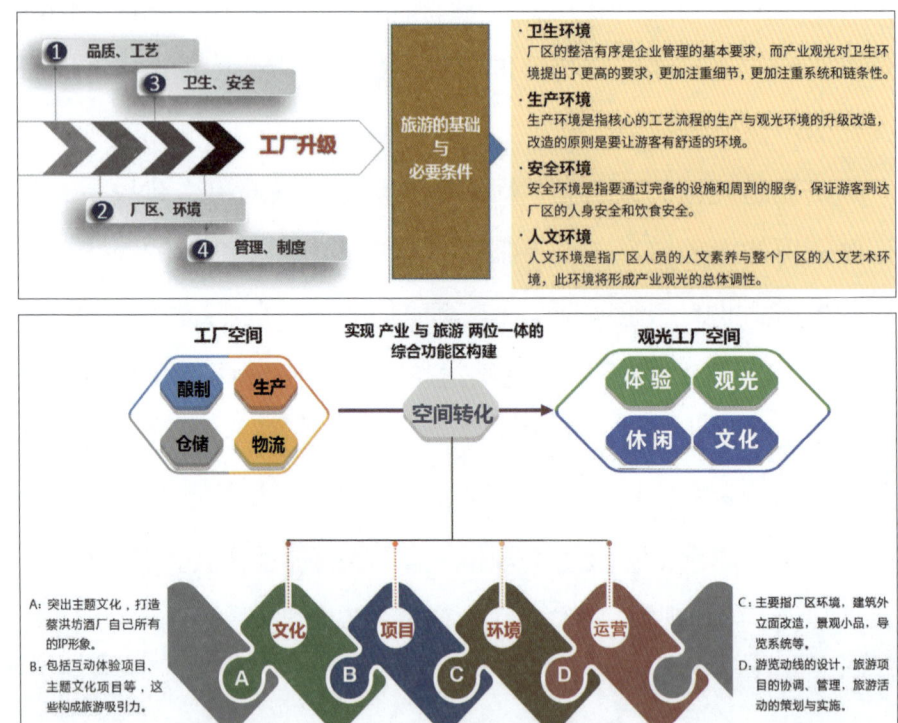

全面升级并不意味着原有厂区、产品有问题,更不是要大量投入甚至更新工艺设备,而是指开展产业观光项目。企业的发展将进入新阶段,各项工作的开展要适应旅游观光的要求,要对整个产业系统提出更新、更高的标准。

**突出主题,弘扬文化**

文化是旅游的灵魂,也是构筑品牌特色和品牌壁垒的基石,蔡洪坊的产业观光旅游应深度挖掘蔡酒文化的内涵和历史价值,突出千年蔡酒的文化主题,并且通过项目的设置和开展体验互动活动来弘扬蔡酒文化,同时也通过蔡酒的历史文化为蔡洪坊酒业做品牌背书。

**创新升级，文创驱动**

对蔡洪坊酒厂的规划要契合当下及未来社会对酒业的发展需求，尤其注重休闲经济及新零售模式对酒业发展的启发，运用场景式、体验式思维，通过文化创意创造旅游热点，吸引游客，促进游客的自媒体传播，升级蔡洪坊竞争维度，探索发展模式，创新发展之路。

所以，我们认为蔡洪坊酒厂就像一块璞玉，需要产业观光这把利器去打磨，使其显现出迷人的光彩，吸引世人的关注。

## ◎ IP 体系构建设计

不曾记得哪位名人说过：酒在一定程度上是文化的载体，卖酒卖的就是文化。

是啊，酒都是有文化场景的。在我国，茅台、五粮液代表了高贵的文化；店小二酒，代表了那种诙谐、和气的小平民文化；江小白酒，风趣幽默，梗词多多，代表了年轻与时尚的文化；酒鬼酒桀骜不驯，代表了追求个性的文人气质文化。

在林林总总的酒品牌大海中，蔡洪坊酒应该是什么样的文化？又能代表什么文化？如何构建蔡洪坊酒的文化场景呢？

蔡洪坊位于新蔡县洪河南岸。《星野图考》载：仪狄取澺水造酒也。澺，古汉字，古水名，即今河南省上蔡县以下的洪河。可见蔡洪坊所在的洪河流域是仪狄造酒的重要场所，是中国酒文化的发源地。新蔡的"蔡"是春秋时期蔡国的"蔡"，公元前529年，蔡平侯迁都新蔡。据考证，那时的蔡国擅酿酒，酒作坊遍布于市井，而蔡国又与周王室同宗，"蔡酒是三千年的国酒，蔡洪坊，是三千年后的蔡酒"。这两个重要的史实，证明了蔡洪坊酒千年传承的酒脉和历史文化的厚重性。

蔡平侯治理新蔡时期蔡国的人口、经济、文化均有较大发展，可谓是治国能王。如今，在新蔡县关津乡李洼村有占地10余亩，高6米的蔡平侯大冢。墓前立碑两通，分别为蔡平侯之墓碑和平侯简历碑，蔡平侯墓为蔡氏祭祖处，国内外蔡氏宗亲年年烧香祭奠，自1995年以来，先后有马来西亚、韩国、菲律宾、新加坡和中国的香港、台湾等地的蔡氏宗亲300余人次到新蔡进行寻根谒祖。

我们根据这个文化资源提炼主题文化，把历史感与时尚感相结合，为蔡洪坊酒设计了"蔡平侯"的形象，来作为蔡洪坊的IP形象。

蔡洪坊酒商务用酒文化形象　　　　蔡洪坊酒平民用酒文化形象

依据这个IP形象，我们设计了两个蔡洪坊酒店的文化喝酒场景。一个为商务用酒文化形象，代表身份与地位的商务用酒文化场景，表达蔡洪坊酒的历史渊源和文化地位。另一个为平民用酒文化形象，设计可爱的蔡平侯、萌萌的蔡平侯、亲民的蔡平侯形象，代表爱情、亲情和友情的用酒文化场景，表达蔡洪坊酒地域风情和地方酒品牌的亲民文化。

设计完IP形象与文化定位，接下来就是提炼创造IP的传播内容。如何让这个IP走进千家万户;如何让消费者穿越千年,与古人对话;如何用IP故事连接消费者的情感,并引起共鸣;如何形成一种地方独特的敬酒、喝酒、劝酒文化,让消费者在娱乐中认知蔡洪坊特有的酒文化。这些成为我们创造IP内容需要重点思考的问题。

我们为蔡王IP形象设计了一系列的表情包和互动手举牌,把驻马店当地民俗文化中的宴请文化、劝酒文化、调侃文化和逸闻趣事都设计进去。

然后把这些表情包运用到当地的大小酒店餐厅、蔡洪坊酒产品包装、观光工厂的旅游休憩区、各个蔡洪坊酒产品零售区,以及网络宣传、文化演艺等各个领域。希望通过IP的广泛运用,形成蔡洪坊独有的传播文化。

产业观光旅游设计

有关蔡王 IP 形象的表情包可应用于景观小品、互动体验等项目场景，也可应用于产品包装，以及 IP 衍生产品等，尤其是产品包装上，可爱的表情包会为喝酒的人小小助兴。

◎ **场景设计**

以厂区生产布局为基础，拓展旅游体验和休闲功能，从产业观光旅游角度把厂区分为五个功能区：入口服务区、文化体验区、生产观光区、产品体验区和九九娱乐区。

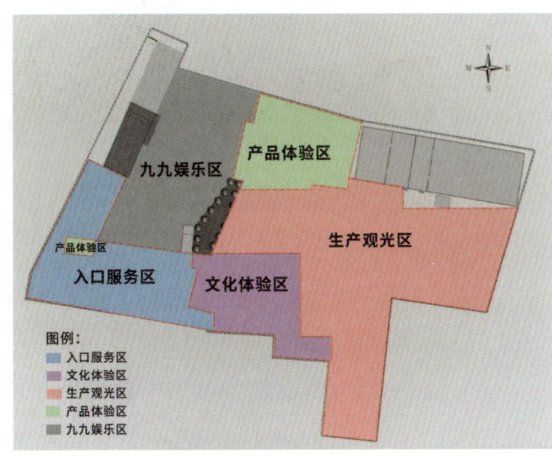

以厂区生产布局为基础，拓展旅游体验和休闲功能，从产业旅游角度把厂区分为五个小功能区：

1. 入口服务区
2. 文化体验区
3. 生产观光区
4. 产品体验区
5. 九九娱乐区

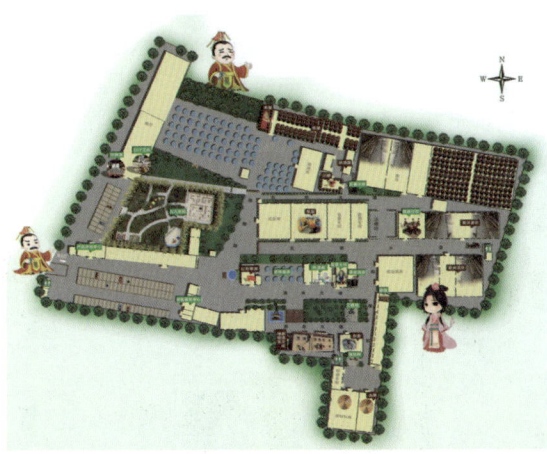

以观光旅游动线为导向，分为游客接待中心、春秋第一酒穿越蔡国游、春秋第一酒源远流长水景、蔡酒文化博物馆、酒曲观光车间、五谷粮仓观光区、甘洌三眼

井、蔡酒吧、研酒阁、酒香满身（消毒体验）、蔡国御坊（酒池发酵区）、踏酒行歌（踩酒糟表演区）、蔡洪坊酒包装观光车间、"蔡酒银行"（蔡洪坊藏酒窖）、醉酒房、喜酒房、寿酒房、九九乐园、蔡酒产品体验中心等 20 多个功能区。

生产区入口处原来有一栋废弃的塔楼，这栋塔楼建于 1958 年，是蔡洪坊历史的见证。现已将塔楼命名为"春秋第一酒"。还采用光影科技手段，让游客仿佛穿越千年神秘蔡国，朝圣蔡酒之王。

经过设计规划，让这栋废弃的塔楼成为蔡洪坊酒厂的历史文化地标。这座塔楼不仅可以用来登高、祈福，还可以用来承载 3000 年的蔡酒文化，承载蔡酒的王者气质，更可以承载蔡洪坊酒的腾飞梦想！

蔡酒文化博物馆是蔡国酒文化与蔡洪坊企业文化的展示场馆。共两层，一层以蔡国变迁文化、春秋蔡国酒文化及蔡国酿酒特色文化为背景来设计。二层以蔡洪坊酒厂的企业文化为主，展示企业发展历程、企业大事记、企业使命、企业愿景、企业匠心、企业价值观及企业雄心等。

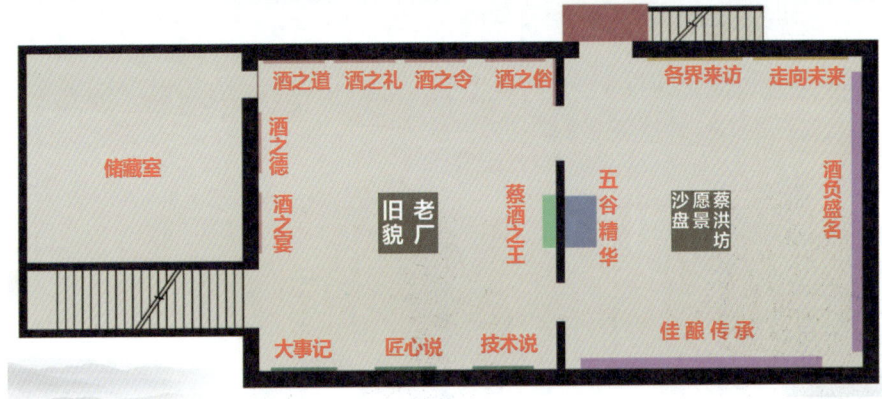

蔡酒文化博物馆二楼平面布置图

完成了蔡洪坊酒文化体验的梳理设计，接下来是选粮和制曲。

酒是粮食精，全靠好谷粮。蔡洪坊酒是用五种优质的谷物酿造而成，到底是哪五种谷物？这些谷物在哪儿生产的？品质如何？这些都是消费者感兴趣和关注的话题。如何把平淡无奇的粮仓设计成为游客感兴趣、能追溯、能互动、能科普的旅游体验景点，是设计者应考虑的重点问题。

首先，我们设计了五谷的追溯，用视频展示五谷的生产基地和生长情况。

其次，设计了古代丈量工具——石、斗、升、合。古代通过称粮、丈粮从而得到粮食重量。丈量换算十进制为：一石等于十斗，一斗等于十升，一升等于十合。这些已经失传的丈量工具，可以丰富中小学生的知识。

最后，设计了分辨好坏粮的环节。通过玻璃瓶装的各种级别谷粮优劣对比说明，让游客认识到酿酒用的粮食是多么严格考究。

在粮库外设计了称重大秤。用酒曲做秤锤，九粮一曲，让游客来称一称自己有多重，然后换算一下自己"能酿几斤酒"，增加体验的趣味性。

酒曲对于酒厂来说是非常重要的东西，好曲才能酿好酒。酒曲是怎么做出来的，我国传统酒曲制作方法是什么，都是游客想要了解的，所以设计可引起游客求知欲望和好奇心的场景十分必要。

我们把传统的酒曲制作车间设计成可以观光的车间，设计酒曲成长记，让游客参观酒曲从曲种到成型、发酵、成曲的过程，让游客可触、可闻、可尝，进而全面了解酒曲的神奇特性。

好粮好曲加好水方能酿好酒，看完酒曲和五谷，接着是体验蔡洪坊的三眼井。清凉甘洌的泉水从古井里滚滚而出，游客可喝一口、捧一捧，水有灵气也有财气，这也是每位游客必体验之处。

体验完清凉的古井水，就可以来到蔡洪坊酒研发中心，研发中心对游客开放的项目有DIY蔡酒吧和研酒阁。

  懂酒的都知道，白酒生香靠发酵、提香靠蒸馏、成型靠勾调，勾调工艺可以称得上是酿酒的画龙点睛之笔。原酒酿造出来，接下来的关键便是勾调了。在 DIY 蔡酒吧里，在酒厂老师的指导下，游客可以用香气扑鼻的蔡洪坊基酒，调制自己想要的醇味美酒，可以是柔绵醇香的，也可以是清香绵长的，小朋友和年轻人也可以调制出缤纷多彩的果汁酒。试着想象一下这样的休闲场景：在 DIY 蔡酒吧里，喝着自己亲手调制的美酒，沉醉在酒香四溢的环境中。

  在研酒阁里，游客可以通过视频全面了解蔡洪坊酒的生产工艺。在探秘原料和工艺方面，主要借助实验器具通过科学的实验手段让游客认识酿造白酒所用的酒曲。游客可以利用显微镜观察不同阶段的酒曲形态及其中的微生物，从微观探秘白酒制作中酒曲的活态特性，了解白酒酿造工艺中的奥秘。

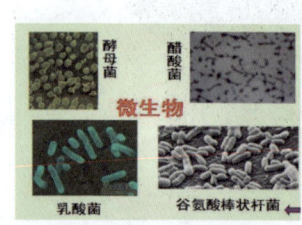

了解完蔡洪坊五谷酒的基本知识，然后是参观蔡国御酒的作坊。作坊是蔡洪坊的重要酿酒生产区，卫生指标要求很高，每位游客都要先消毒才能参观。为此我们设计了酒香满身的大酒坛场景，让游客在快乐的场景体验中完成消毒任务。

走进蔡国御坊，能够参观到蔡洪坊古老的酒窖池，扫一扫二维码就会得知窖泥的年龄以及五谷在古老的窖池里是怎样发酵的、醇香的美酒是如何诞生的。

由于在发酵的过程中，活性菌种特别丰富，所以酒坊内的墙上、梁上到处都是黑色的霉点，消费者如果不了解，可能会认为是卫生做得不好，非常影响观感。因此，我们设计了一系列表情包，用幽默诙谐的语言告诉游客这些霉点是什么，比如："我是微生菌，我长得丑，但我是酒的好盆友！"

在酒坊里除了参观酒池和出酒，还能看到蔡国时期的御酒文化，蔡酒如何作为贡酒献给周天子和诸侯强国，孔子如何赞扬蔡酒等。

在蔡洪坊踏酒行歌房，能看到酿酒师傅们踏着热腾腾的酒糟，唱着酒坊的歌曲，豪壮而有力！

第五章 大东产业观光旅游设计实践

艳阳天酿蔡酒，好酒出自蔡国坊！

一踏一回头

耸肩仰头，精神爽

二踏一回头

甩衣挽袖，帅气足

三踏一回头

哥哥望妹，妹妹乐

……

踏酒坊里不但歌好听，而且热腾腾的酒糟还可以治风湿呢，关节不好的游客可以坐下来，一边听歌一边以酒糟热敷治治病，感受一把酒糟的魅力。

在蔡洪坊的酒品包装车间，游客可以看到现代化灌装、包装设备、干净卫生的环境以及严格的消毒程序，可以触摸蔡洪坊酒瓶、瓶盖，实地了解食品安全。

**蔡洪坊经典包装展示**

"蔡酒银行"是蔡洪坊的陈酒区，由场景化的喜酒订制区、寿酒订制区、商务订制区、封坛区组成。

"蔡酒银行"鼓励游客订制酒,从而达到使酒升值的目的。游客在订酒之余还可以走进"醉酒屋",感受一下醉酒的感觉。

在九九乐园区域,我们设计了酒城迷宫、酒香谜语、喝酒吟诗、喝酒摔碗等一系列好玩的项目,非常适合带有小朋友的游客前来。

在停车场大门口，设计了一栋二层楼的蔡洪坊产品体验中心。在产品体验中心可以买酒、订制酒、品尝酒等。

## ◎ 运营设计

按照厂区产业观光旅游的布局，本着认知文化、认知生产、认知产品的产业观光路径和最终实现倍增销售的逻辑，我们策划了蔡洪坊产业观光运营方案。

**设计蔡洪坊酒产业文化园观光旅游的运营物料**

导览图、门票和游览手册。

　　通过导览图告诉游客酒厂的景点布局与体验路线，还包括人气爆点有哪些，打卡点都在哪里，游客在游园过程中需要注意什么等。

蔡洪坊酒产业文化园是不收取门票的，但我们设计门票更多是为了管理、兑换酒品和抽奖，也便于后期市场营销、客源组织时发放。

蔡洪坊酒产业文化园游览手册是形象介绍景点的手册。我们还设计了九个经典景点盖章互动项目，游客如果盖足九枚印章，就可以参与兑奖。设置这个环节的目的是让游客在观光旅游过程中，拥有一点成就感和乐趣感。盖完印章的游览手册，游客能当作纪念品自行保管。

### 市场组织策划

市场组织策划有商务营销客群组织、社群客群组织和旅游客群组织三大客群组织模式。

对于商务客群组织的策划，可从以下几个方面入手。

其一是广邀蔡洪坊在驻马店各县镇的白酒代理商并召集会员轮流来到观光工厂，让他们轮流参加培训，共谈发展，认知文化，建立自信心，从而促使他们广泛传播蔡酒文化。

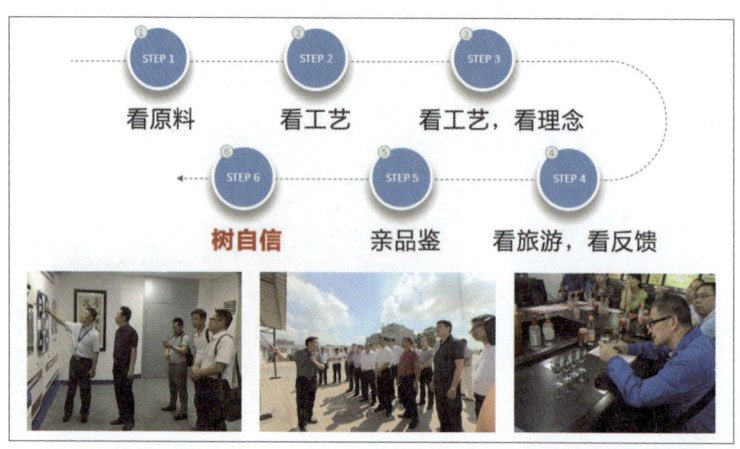

其二是邀请在河南省及周边省市的企业相关人员。通过工商联、行业商会、行业协会、老乡会等渠道广泛邀请企业家、企业外联人员到蔡洪坊观光酒厂参观，从而拓展企业订制酒的客户群。

其三是广泛邀请驻马店、信阳、南阳等豫西及豫西南城市的餐饮企业来蔡洪坊观光工厂进行参观，并认知文化、认知生产、认知品牌，从而达成商务合作、形成订制联盟。

对于社群客群组织的策划,可以从各个城市社区招募群主,带动社群营销。群主可以在各自的社区组织大家到蔡洪坊观光自驾游,后期还可以做社区代购。

对于旅游客群组织的策划,可以与方圆百公里的景区联动,以观光工厂为基础,对接旅行社,与周边景点和休闲农业景点形成联动,吸引旅游团体来蔡洪坊观光旅游。

### 策划蔡洪坊一年四季的活动营销

每年的农历三月、四月,策划蔡酒文化节暨新品团购会。

此节包含两个内容:一是以蔡酒文化和观光工厂为核心的文化旅游节;二是以新品订购、团购活动为主的商务订货会。这里的新品包括新出产品、新设计产品、新内涵产品等。此节是春季面向游客和代理商举办的较大型活动。

每年的农历五月(端午节前夕),策划"端阳养生"鉴酒节。

| 序号 | 时间 | 名称 |
|---|---|---|
| 1 | 农历三月、四月 | 蔡酒文化节暨新品团购会 |
| 2 | 农历五月（端午节前夕） | "端阳养生"鉴酒节 |
| 3 | 农历七夕（七夕节前夕或当天） | "醉爱一生"鉴酒节 |
| 4 | 农历八月（中秋节前夕） | 团庆感恩节 |
| 5 | 农历九月（重阳节前夕或当天） | 封坛庆典 |
| 6 | 农历腊月（腊月节前后） | 迎新年蔡酒节 |

以"养生保健、健康饮酒"为主题的美酒品鉴节，主要面向中老年客群。此节和旅游营销相结合，和周边的乡村旅游景点联动。主要开展寿酒订制业务。

每年七夕（七夕节前夕或当天），策划"醉爱一生"蔡酒爱情文化节。

以"醉爱一生"为主题的年中美酒品鉴节，主要面向中青年客群，尤其是情侣客群。此节和主题婚纱摄影相结合，针对七夕、中秋、十一及冬季结婚季开展喜酒订制业务。

每年农历八月（中秋节前夕），策划团庆感恩节。

此节为下半年的商务团购订货会，也是蔡洪坊为客户举办的"社群团庆"感恩活动。主要邀请各级代理商、大客户、群主等与到访的游客一起参加。

每年农历九月（重阳节前夕或当天），举办蔡洪坊封坛庆典。

此节为蔡洪坊一年一度的封坛活动庆典及九九重阳节庆活动，是蔡洪坊年度最重要的节日，在运营中要不断提高其活动级别和活动内涵，办成蔡洪坊的品牌节日。

每年农历腊月（腊月节前后），策划迎新年蔡酒节。

此节以庆祝春节及春节用酒订制为主，也是年终旅游节，对一年中到访与合作的特别客户和游客进行奖品回馈，并送上春节祝福。迎新年蔡酒节也是年前营销大冲刺的活动。

蔡洪坊实施全网营销的策略。蔡洪坊酒产业观光旅游的运营，其实就是把蔡洪坊酒产业文化园做成一个大的连接器。通过连接不但可以预约参观、预约拍婚纱照等，还可以通过广泛的游客连接，最终形成线下体验、线上销售的全网模式。

运营策划围绕产业旅游运营架构、产品开发、市场组织、活动组织、微信号公众号运营等几个方面展开，重点是通过商务场景、生活场景的切入实现引流。

比如生活场景，我们把老人订制寿酒和代理储存结合起来，想象一下：当家里的老人刚刚进入老年，你就已经为他／她订制存储了80岁大寿、100岁大寿的酒，老人是不是很高兴呢？与酒一起历久弥香，老有所乐。

再比如，我们把蔡洪坊的酒窖区改造成了婚纱摄影的拍摄基地,"酒"与"久"同音,新人来这里拍照是不是有很好的寓意呢——"情执如醉,长久一生"。新人到时也可以发朋友圈跟朋友说——"喜酒已备好,红包拿来"。这样就可以主动导入老年人和准婚年轻人客群。

随着5G时代的到来,产业经营的网红式运营也会成为新常态。在蔡洪坊酒的运营组织设计中,我们还为其策划了网红直播间,希望通过酒厂的各个文化主题场景,和游客互动,不断爆出经典的网红视频进行传播。

案例三
# 盛田百年粉坊观光工场产业观光旅游设计

## ◎ 设计背景

该项目位于河南省禹州市北边的朱阁镇北郝庄村。该地位于郑州南部,距郑州市区60千米,距新郑机场50千米,均不到1小时车程;位于许昌市西北,距离市区40千米,半小时可达。项目总规划面积23.1亩。

禹州市被誉为华夏第一都,以钧瓷文化、大禹文化、中医药文化著称。禹州因为大禹文化又被称为夏都,因钧瓷文化又被称为钧都。

禹州市红薯种植面积大,居河南之首,农民有加工红薯粉条的传统。禹州红薯粉条是禹州传统的名特产品，已有600余年的历史。以红薯粉为主要材料制成的焖子，柔软可口，营养丰富，久煮不化，宜烹饪、耐保存，是禹州常见的一种风味小吃。

河南省盛田百年粉坊，是由孙继周先生于2006年7月创立的。在此之前，孙总祖上几代人都以粉条加工为业，从事粉条加工生产也算其家族传承的事业。

孙总创立盛田百年粉坊，是想把禹州祖祖辈辈赖以为生的粉条加工事业发扬光大。他想在传承中创新，在创新中坚守，在坚守中打造禹州粉匠精神，他要做最健康的粉，最新鲜的粉。通过多次的实验，孙总发明了鲜粉生态保鲜技术，开创了中国鲜粉销售之先河。

盛田百年粉坊靠着过硬的产品品质，在市场上广受好评。盛田产品不但成功出口到英国、美国，也与诸多品牌餐企、商超进行战略合作，是海底捞、汕锦记、天津鱼酷、思念、胖东来等全国二百余家火锅连锁机构和知名商超红薯鲜粉指定供应商。

粉条产业在全国竞争非常激烈，酒香也怕巷子深。盛田百年粉坊虽然产品好，但品牌知名度在B端影响力甚微，在C端更是知者甚少。

如何迅速扩大知名度，让好产品拥有好品牌，产业观光成了重要推手。

## ◎ 设计理念

盛田百年粉坊产业观光旅游设计的目的，就是依托盛田百年粉坊的生产工厂，通过展现环境苛严的生产场景、不断创新的科研成果、让人震撼的工匠精神、让人敬畏的企业文化、

### 规划理念
## 品牌推广产品销售型观光工厂

以盛田工厂本身为主体,将工厂的生产过程、工厂景观、文化内涵、产品品牌等作为观光旅游资源,通过观光游憩的方式,并结合导览、参观、体验等活动,让游客了解和体验盛田农业的工艺生产、品牌文化、产品特性、文化传承等内容,集观光游览、教育价值、文化体验、学习认知、休闲购物等为一体,满足游客基本旅游需求和更高层次的精神享受,进而实现盛田农业品牌推广、消费链接和永续发展。

| **美化** | **提炼** | **挖掘** | **讲述** | **打通** |
|---|---|---|---|---|
| 工厂环境 | 工业精神 | 文化内核 | 品牌故事 | 消费链接 |

让人信服的产品体验,来实现商务观光考察、都市居民休闲观光旅游、幼儿园及中小学研学旅游。

通过观光旅游设计来实现工厂环境的美化、工业精神的提炼、产业文化的挖掘、品牌故事的讲述,以及线上线下消费者的连接。

盛田百年 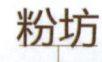 粉坊 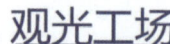 观光工场

盛田:结合现有品牌,有利于品牌传播;  
百年:突出悠久的历史感;  
粉坊:表明经营的产品并表达一种精致匠心;  
观光工厂:体现融合、开放、发展的态度。

  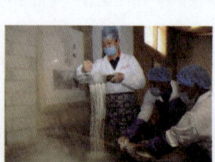 
  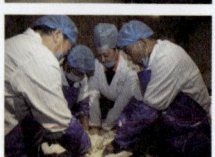 

**百年工匠·薪火相传**

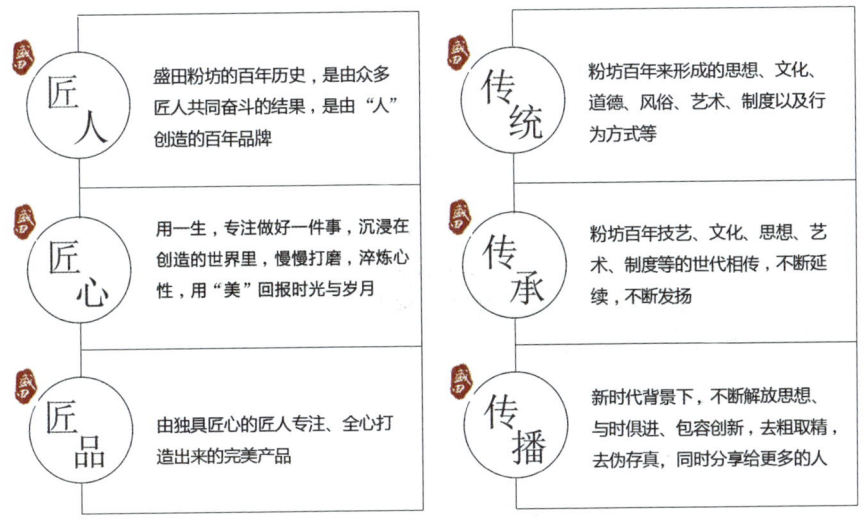

通过观光旅游设计，把盛田百年粉坊的企业精神弘扬出来，达到匠人、匠心与匠品的统一，传统、传承与传播的统一。最终实现企业的文化认知与朝圣、品牌认知与传播、产品认知与销售；实现从产品到品牌，再到知名品牌的经典转换；实现产业链整合与创新，产业生态与高效发展的目的。

## ◉ 商业模式重构设计

盛田百年粉坊原来的商业模式基本属于产品质量领先的基础商业模式，是单线的渠道推广与产品单一的淘宝商铺销售模式。

未来企业的竞争不仅是产品质量与品牌的竞争，更是产业生态的竞争。如何依托产业观光旅游设计，来重构盛田百年粉坊的商业模式，也是盛田百年粉坊产业观光旅游设计的重点。

我们认为盛田百年粉坊在产品创新和产品打磨方面，是可以为孙总点赞的。但在全网营销的时代，体验消费的时代，应该依据盛田自身和区域的优势资源，重新构建智慧化的商业模式。

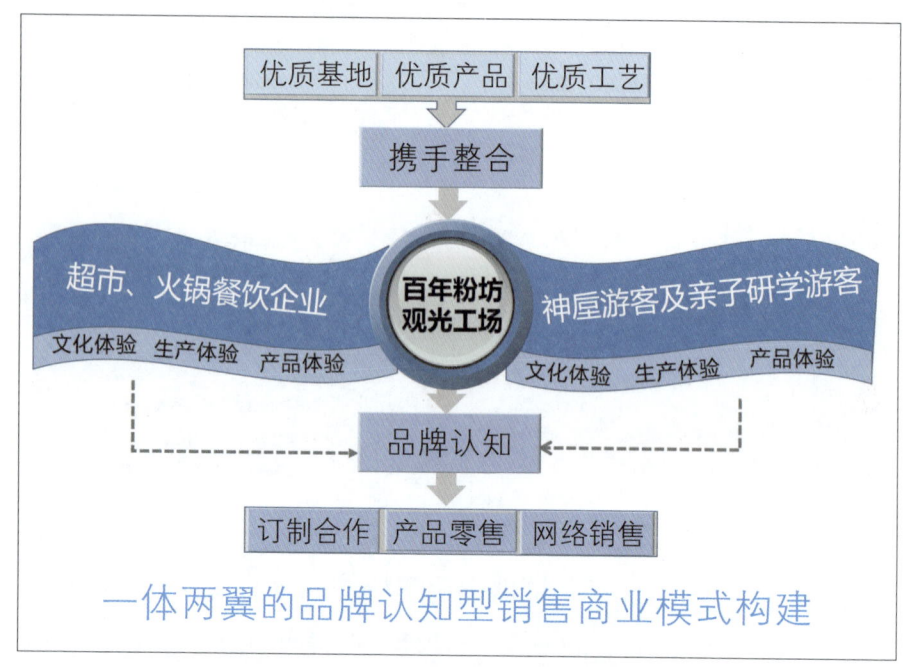

**盛田百年粉坊观光旅游商业模式设计**

通过对盛田的优劣势研究，为盛田百年粉坊设计了一体两翼的品牌认知型销售商业模式。

通过百年粉坊观光工厂的打造，从产业链的上游整合禹州乃至全国优质的红薯、中草药以及蔬菜种植基地，整合最优质的粉类产品，寻找并创新先进的工艺流程。

然后，一手邀请全国火锅餐饮企业、超市零售企业走进盛田，一手对接旅游团体和研学组织走进盛田。让他们通过文化体验、生产体验、产品体验来达到对盛田的品牌认知。

通过品牌的体验认知，把百年粉坊观光工厂设计成为一个大的连接器，广泛连接渠道商、餐饮企业和广大消费者。通过认知型连接实现产品的定制化合作、产品观光旅游新零售、网络商城的建设与销售。

## ◎ IP 体系构建设计

在进行盛田百年粉坊 IP 体系的构建设计时，首先对 IP 体系的整体框架进行梳理，包括产业形象提升、地域文化融入、创始人形象塑造、品牌人格化、主题活动打造、萌文化萌化等六个方面，这也是六个构建方法。

**盛田百年粉坊 IP 构建方法**

提升产业高度，建立产业文化地标 IP，让国家、地方政府和众多企业一块来为产业品牌背书。打造粉乡，让禹州成为"三都一乡"之地。

**提升产业高度：**

**打造粉乡，让禹州成为"三都一乡"之地**

禹州粉条是禹州传统的名特产品，已有600余年的历史。整合各方资源（农户、企业、政府及相关组织等）将粉条文化发扬光大，同时与区域内的夏都、药都、钧都等文化结合，打造独特的**粉乡**IP，让粉条成为区域文化的代表，让**粉乡**成为禹州的又一个响亮的称号

禹州粉条是禹州传统的名特产品，已有600余年的历史。整合各方资源（农户、企业、政府及相关组织等）将粉条文化发扬光大，同时与区域内的夏都、药都、钧都等文化结合，打造独特的粉乡IP，让粉条成为区域文化的代表，让粉乡成为禹州的一个响亮的称号。

**地域文化融入，借用地方IP，让文化成为产业的竞争力**

许昌是三国曹魏故都、三国文化和建安文学的发源地，而曹操作为中国历史上的名人、曹魏政权的奠基人，"昌于许"，是最能代表许昌的文化符号。再说，许昌已经把三国魏都文化作为全市的文化IP来打造。

现在是泛娱乐的时代，如何让百般无聊的游客走进盛田百年粉坊观光工场时，感受到扑面而来的娱乐气息，是地方IP娱乐化创新设计的关键。

曹操作为地方历史文化名人IP，其英雄情怀、挟天子以令诸侯的谋略和吞吐环宇的气度，样样都是后人不断议论的话题。如何让曹操和粉条有关，如何设计"曹操"形象能让消费者喜欢，如何能够自带流量，实现网红式的传播，都是IP设计应思考的点。

我们设计了数十个曹操卡通形象的表情包，并把这些表情包放到园区的很多休憩的地方，好让游客如穿越汉末一般和曹操谈论粉条轶事。

我有禹粉,争霸天下!吃粮能打仗,吃粉能写诗;朝食长粉条,暮作短歌行……游客呵呵笑,谁说不是呢?

中国历史上四大美女之一的貂蝉,也是三国文化中的重要人物。曹操是英雄,貂蝉是美女,英雄、美女都是世人关注的热点。

貂蝉为什么那么美?一定是和粉条有关系吧!谁说不是呢?这里我们做了艺术虚构。

红薯粉条含有丰富的蛋白质、膳食纤维、B族维生素和钙、钾、锌等成分,被很多外国人称为"美容养颜"的最佳食品。红薯粉条不仅有美容养颜之功,还有助于清肠排毒,缓解便秘。

继续借用许昌的三国文化历史人物IP效应,设计貂蝉的卡通形象,设计一句广告词:"汉末没有面膜贴,美貌只能靠粉养。"让美女和产品的美容养颜功效产生联系,实现产品的有效传播。

**品牌创始人不但是企业的代言人,更是企业的重要IP**

孙总善于言谈,不但对家乡粉条产业有着深厚的情怀,更有着非常重的使命感。孙总常挂在嘴边的话就是:"我要专注做粉,做纯正、健康的红薯粉条,用科技复兴传统,用好产品为禹州代言!"

可见,复兴并创新禹州粉条文化,引领禹粉消费新潮流,早已经融入孙总的血液。

很多朋友称孙总为"粉哥"。"粉哥"不就是一个很好的IP吗？把"粉哥"做成企业的官称，在接待旅游团体时，我们可以设计"粉哥说"节目，让孙总给全国的游客分享自己的创业故事。同时在百年粉坊观光工场内专门设计"粉哥"直播间，定期让孙总向各个网络销售平台做"网红直播"节目。

把设计好的IP应用到品牌形象设计、观光工场主题形象设计、产品包装设计，以及二次元开发和广告宣传活动等，真正实现让IP为产业的发展赋能。

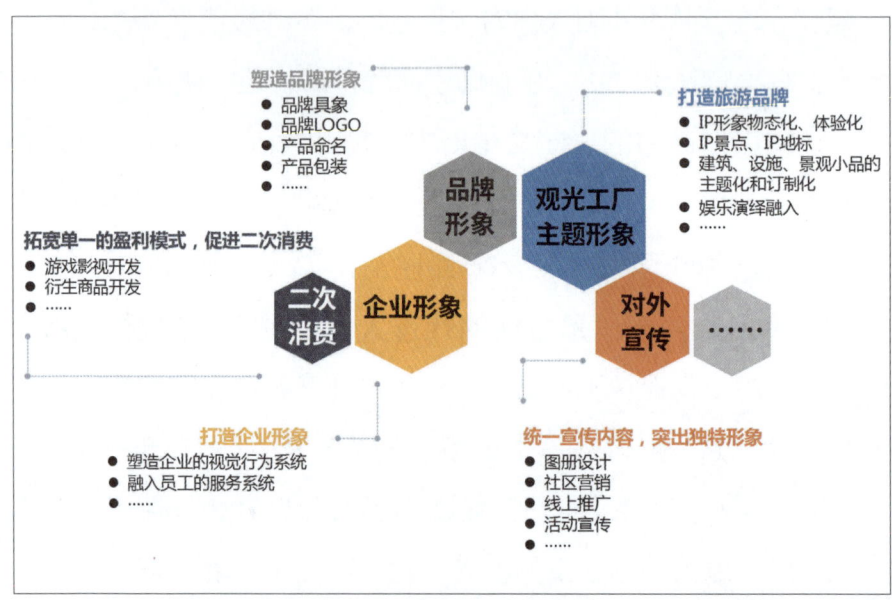

IP在百年粉坊中的运用

## ◎ 博物馆设计

博物馆是百年粉坊观光工场的文化地标,是游客文化体验、粉条文化教育科普的功能区。

博物馆共包括六个主题厅:华夏第一粉厅、盛田粉史厅、盛田荣誉厅、产业影视厅、钧都粉事厅、百年粉坊实景演艺厅。此外,还设有禹粉轶事文化走廊等。

### 华夏第一粉厅

从华夏的渊源、粉条的发明到禹粉红薯及粉条产业文化的发展方面,全面打造"华夏第一粉"的产业地标高度!

### 盛田粉史厅

展示盛田百年粉坊的企业文化及百年的匠心追求。让游客通过参观盛田粉史厅，了解企业发展历程、经营理念、企业使命、企业愿景、企业创新等，从而达到游客对品牌的文化朝圣，构建品牌与游客的情感渠道。

具体展示内容包括：盛田企业简介、发展历程、盛田创新、盛田理念、各界来访、合作品牌、百年传承等。

  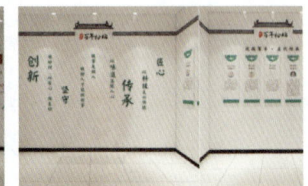

### 盛田荣誉厅

集中展示盛田企业所获各种荣誉证书、奖状、奖杯、荣誉称号等内容。

游客通过参观，建立对企业甚至产品的信任感、崇敬感。具体细分为：企业荣誉展区、产品荣誉展区、传承人荣誉展区三个小展区。

### 产业影视厅

通过影视效果，展示盛田百年粉坊的发展历程与愿景。

 **产业影视厅脚本策划：**
**第一篇 夏都粉乡**
华夏之源、禹粉之乡
**第二篇 盛田农业**
盛田农业的坚守与创新
**第三篇 百年传承**
讲述百年粉坊发展愿景

### 钧都粉事厅

讲述发生在禹州的关于粉条的传说、故事，增加趣味性。

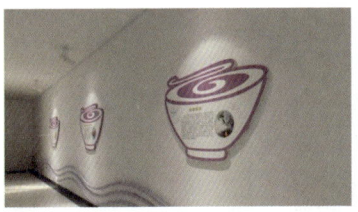 

### 百年粉坊实景演艺厅

百年粉坊实景演艺厅是由华夏第一粉前厅、百年粉坊祠堂、十八道工艺工坊区、粉把头坐堂区构成，展示禹州红薯粉条传统制作工艺。

 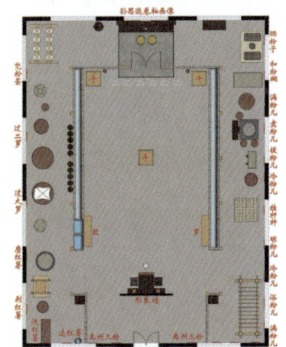

盛田粉坊祠堂

重点在于展示百年企业的文化厚重感，同时配合演艺需要。在百年传承的牌匾下是孙思邈的挂画。

实景演艺剧目策划：《百年粉坊》

第一篇章：盛田百年传承

粉坊当家人带领粉坊伙计进行祭祀先祖的开工仪式，通过"鸡鸣而出，祭拜而作的一天场景"来展现粉坊的百年历史与工匠精神。策划分为：乐起、集合、开祠堂、上香、就位、开工六个步骤。

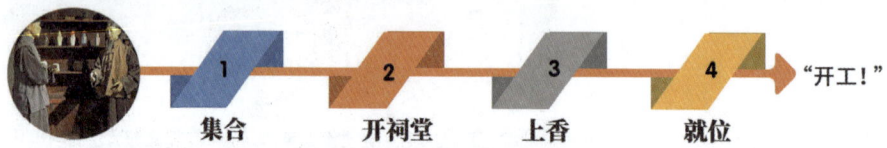

音乐响起，一段叙事，让每位游客仿佛穿越到百年以前："1916年，在禹州顺店，一家盛田粉坊开张了，随着禹州大地上一年又一年红薯的种植与收获，粉坊也成了盛田五代人的家族事业。"

一声鸡鸣——在鸡鸣声过后，粉坊当家人集合众伙计，即将开始一天的工作，他们的第一件事是去祠堂上香。

粉把头说："开祠堂！"

众工匠上香祭拜。

从祠堂到院内，当家人与众伙计一同演绎盛田百年粉坊的经营宗旨和发展理念。

粉把头边敲鼓边问："咱们要做什么粉？"

众伙计回应："良心粉！"

粉把头再敲鼓问："咱们要做什么粉？"

众伙计再回应："百年粉！"

粉把头大声喊："开工喽……"

第二篇章：百年粉坊十八喊

把传统粉条手工制作的18道工序，通过粉把头一边敲锣一边大声喊出来：

选红薯！洗红薯！剁红薯！磨红薯！过大罗！过二罗！兜粉蛋！晒粉子！和粉糊！漏粉儿！煮粉儿！拨粉儿！冷粉儿！挂杆杆！晾粉儿！冷粉儿！浴粉儿！晒粉儿！粉成，收！

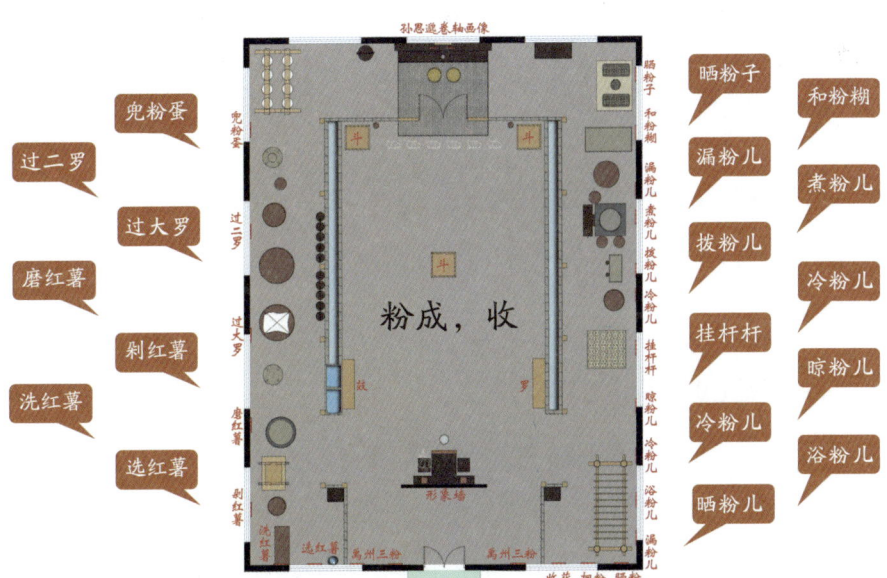

第三篇章：禹粉养柔肠

以光影技术，声光电配合，激光投影方式，用中国的舞蹈、武术、戏曲等艺术形态，结合天地自然的抽象艺术呈现粉条应有的柔性、韧性、弹性之美！展现孙膑发明粉条、孙思邈用集天地精华于一体的粉条治病救人的健康之美！展现禹粉养柔肠的文化之美！

**禹粉轶事文化走廊**

结合 IP 创意，对曹操、貂蝉在许昌期间和禹粉之间发生的趣闻轶事进行艺术再造。

通过轶事故事来表现禹州粉条的特点，增加产品的趣味性，扩大传播度。同时，设计成文化走廊，成为园区中的一个观光节点。

## ⦿ 鲜粉生产观光设计

针对鲜粉生产环节，设计观光体验。

首先，让游客走进生产车间，参观盛田现代化的生产线、包装线，感受科技感十足、创新感十足的百年粉坊。

其次，让游客走进检测中心，观看产品检测流程，了解产品检测标准，科普粉的形成原理、粉条的形成原理，粉条对人体的营养价值。参观产品留样室，感受盛田农业对食品安全把控的用心等。

最后，让游客走进"慧眼识真粉"鉴别室，在这里每位游客都可以通过火烧、显微镜等方法鉴别粉条的真伪与优劣。

## ◎ 观光工厂建筑景观规划设计

盛田百年粉坊观光工厂占地35亩，由一栋三层的办公楼、两个生产车间、一个两层的员工餐厅、一栋三层的招待及会议客房楼组成。

园区规划设计原则：以旧房改造为主，尽可能不增加新的建筑空间；以文化梳理和创意为主，轻装修为辅；打造参观体验的闭环，做足产品体验和游客互动，但不能影响主业生产；注重景观文化感打造，避开高端景观及雕塑的大投入；满足观光工厂的商务考察接待、旅游团体接待、亲子研学接待等功能，按照3A景区要求打造导视

系统、卫生间、游客接待中心、医疗卫生室等配套功能，但停车场交给外围村庄的农民来建设经营。

依据园区现有场地和资源，规划设计了百年粉坊博物馆文化体验区、鲜粉生产观光工厂区、萌薯花园亲子娱乐区、紫薯花园美食住宿区、粉丝花园旅游留念区等。

### 入口大门设计

### 萌薯花园的设计

以"萌薯"为主题，打造亲子互动为主的萌薯花园，萌翻游客。让游客与萌薯互动或拍照留影，或在充满萌趣的环境中享受亲子时光，增加互动性和停留时间。该花园设计有萌薯地洞、萌薯沙坑、萌薯滑梯、萌薯秋千、萌薯淘宝、萌薯小屋六个主题区。

**紫薯花园设计**

设计紫薯主题的浪漫花园，以紫色为主色调，供游客观光休闲、拍照留影。沿入园道路设置紫薯长廊，设置紫薯盆景，设置卡通紫薯造型的景观小品，营造浪漫的氛围。

对原餐厅进行升级改造，重新布局，规划以盛田薯粉为特色食材的美食功能区，满足游客餐饮、休息等需求。餐厅分两层，一层为阿紫粉吧，经营酸辣粉及紫薯咖啡甜点，力图打造形象旗舰店，

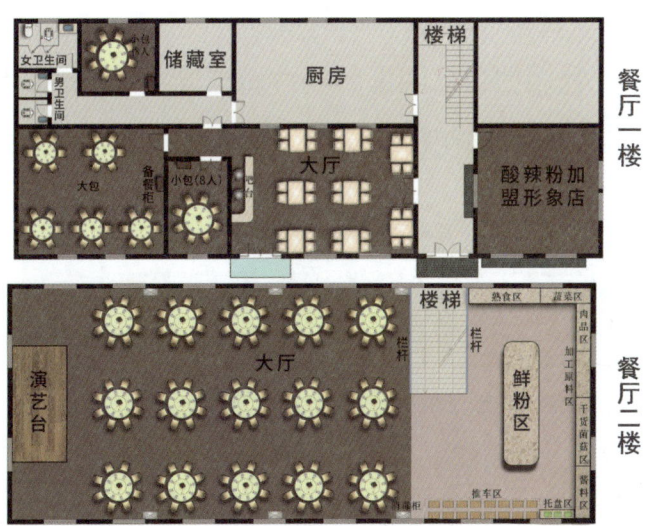

让它成为后期开加盟店的样板店;二层为盛田鲜粉火锅区,旨在打造鲜粉场景化的美食体验中心。

**粉丝花园设计**

粉丝花园是盛田百年粉坊的人气场景,设计游客的留念、留影、留言场景,让游客留下自己的足迹。

"粉丝"大家都不陌生,我们通常表达对某某明星、名人的崇拜之意时,会说我是某某的"粉丝"。如果把此"粉丝"和彼粉丝联系起来,就可以创造出可以留言、留影的话题来。

我们把当红明星的图片做成PVC的拍照造型,供游客合影留念。设计制作粉丝长廊,供游客在每个明星图片下面的铁链上

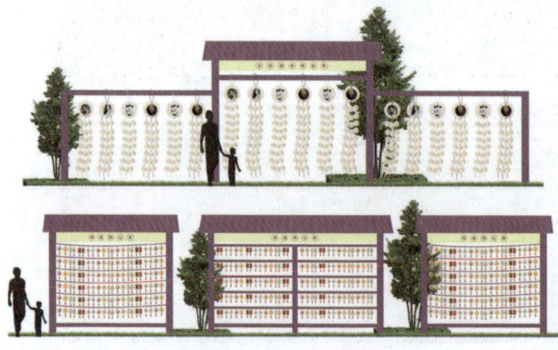

挂自己的留言小标牌，比比谁的"粉丝"多，来活跃"粉丝"文化。

另外，设计展示全国各地有关于粉丝的民俗文化，通过展板展示有关粉丝的民俗，展示各地人对粉丝的喜爱，增加文化性和趣味性。

## ◎ 导视系统设计

导视系统设计分为外导视设计和内导视设计。在外导视的设计上，我们设计了一组以红薯为主题的城市雕塑型导视牌，放置在进入禹州市的两个高速路口处，以及去往盛田百年粉坊的重要路口处。既萌又好看的城市雕塑不但可以获得市政的支持，还能起到重要的广告宣传作用。

在园区道路的两边，设计了很多用水泥管做的红薯盆栽景观，依据水泥管的位置，选用高大的水泥管设计园区的导视牌，既经济又自然。

## ◎ 运营策划设计

所有的设计都是为运营服务的，在盛田百年粉坊的运营策划设计方面，我们先设计出观光工厂的旅游体系，然后是产品体系和营销体系。

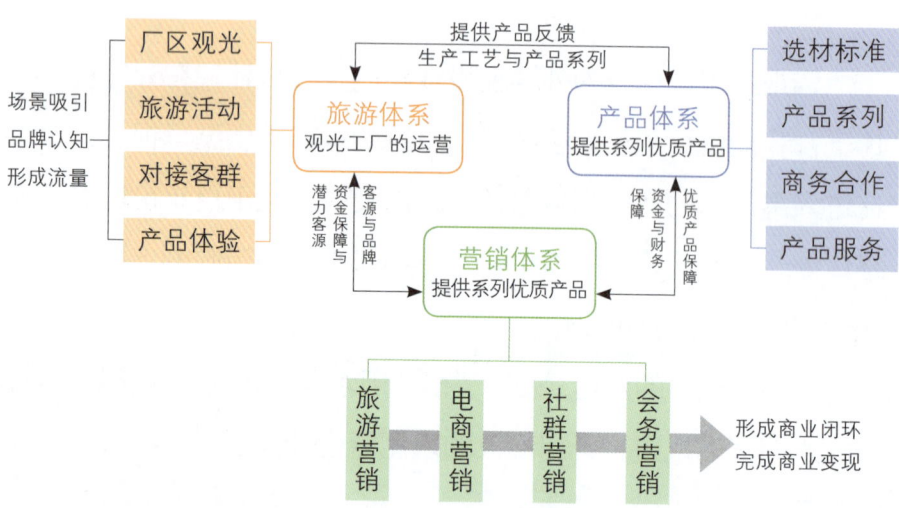

### 旅游体系的构建

要先从组织架构、导游接待、活动组织，以及职能职责方面来设计，形成完善的旅游运营管理系统。

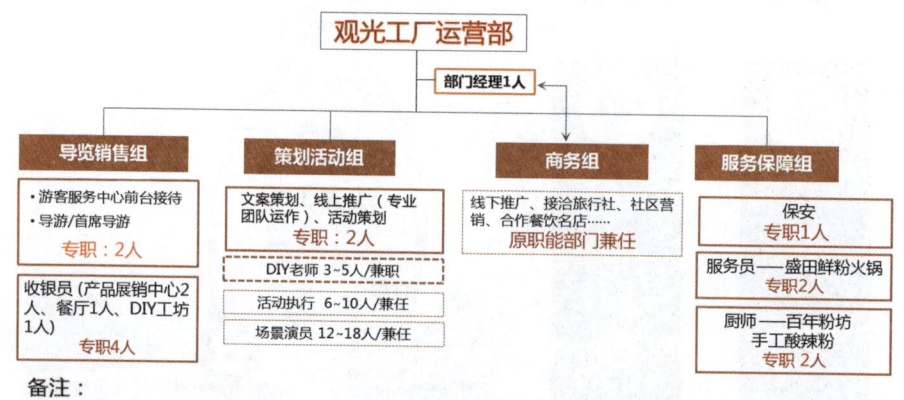

## 产品体系的构建

从产品规划、产品体验、产品展示等方面来规划设计整个系统。以盛田现有的产品为基础，结合市场消费需求，进行盛田百年粉坊的产品体系规划，共设计8个类别。

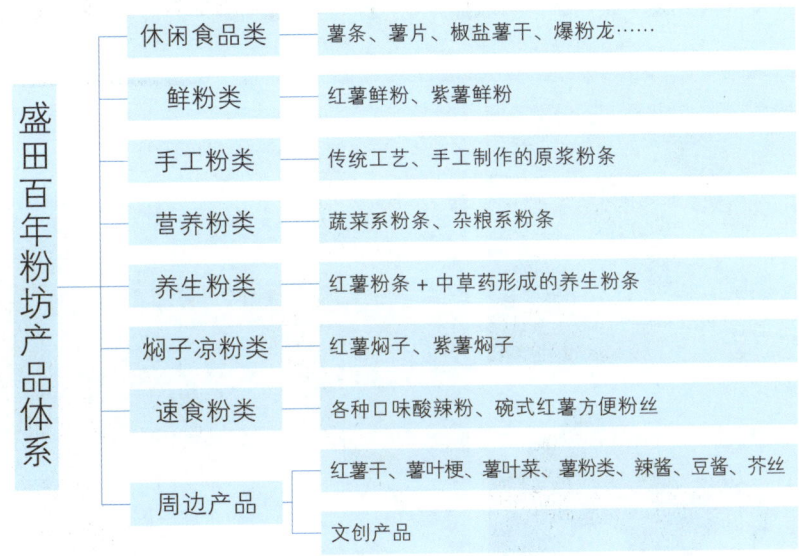

盛田百年粉坊产品体系
- 休闲食品类：薯条、薯片、椒盐薯干、爆粉龙……
- 鲜粉类：红薯鲜粉、紫薯鲜粉
- 手工粉类：传统工艺、手工制作的原浆粉条
- 营养粉类：蔬菜系粉条、杂粮系粉条
- 养生粉类：红薯粉条+中草药形成的养生粉条
- 焖子凉粉类：红薯焖子、紫薯焖子
- 速食粉类：各种口味酸辣粉、碗式红薯方便粉丝
- 周边产品：红薯干、薯叶梗、薯叶菜、薯粉类、辣酱、豆酱、芥丝；文创产品

产品体验分品尝体验和 DIY 手工体验两个部分。在百年粉坊的产品体验中心，设计了各种粉的品尝体验，让每位游客走进百年粉坊，都能品尝和购买到各种美味的粉食品。

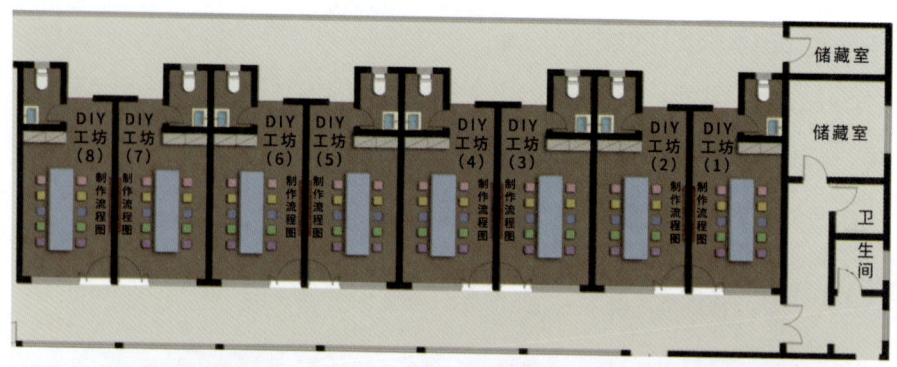

百年粉坊的DIY工坊,作为游客亲自动手的深度互动体验平台,增加了趣味性和互动性。在这里,游客可以在DIY老师的指导下,制作焖子、凉粉、紫薯甜点等相关的美食。

**营销体系构建**

完成了产品体系的构建后,就要依据产品体系和旅游体系构建营销体系。

百年粉坊的营销体系,包括商务营销设计、社群营销设计、研学营销设计、旅游社团营销设计、电商线下体验营销设计五个部分。

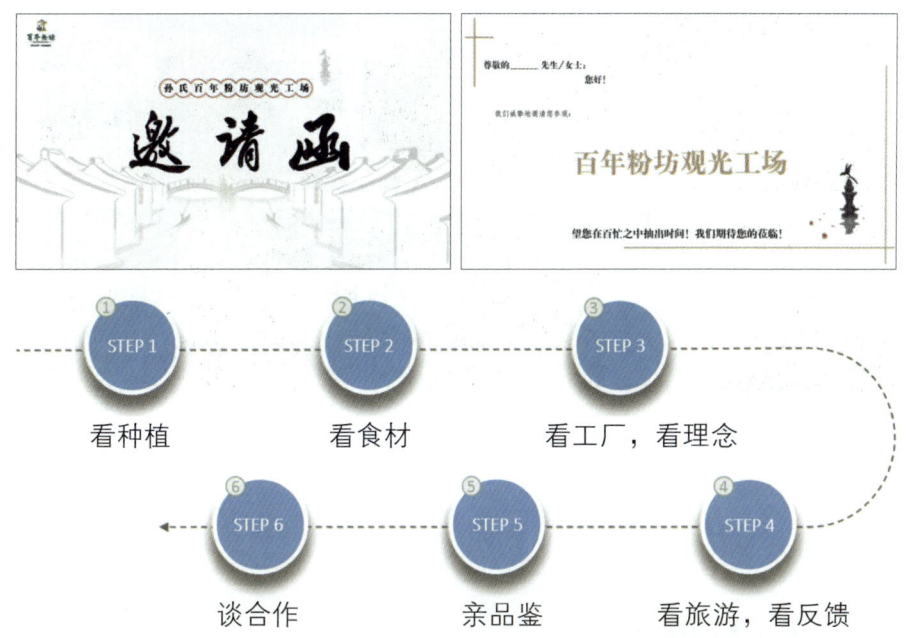

商务客群营销，以观光工厂为载体，大量持续地邀请火锅等餐饮店店家、火锅食材专卖店店家、粉条产品经销商等客商前来参观，在工场场景中进行品牌推广和商务洽谈、合作。

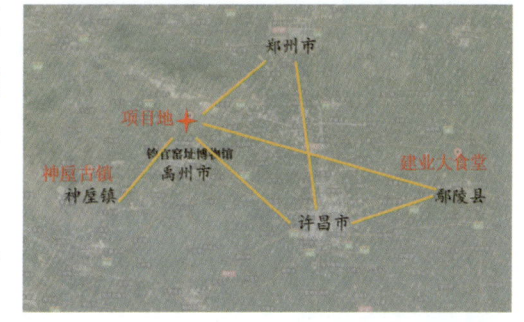

和旅行社结合，组织大量旅游团体。联动旅游线路，百年粉坊观光工场可以与禹州市钧瓷文化、神垕古镇旅游线路相连结。

和研学组织结合，吸引青少年研学客群到盛田百年粉坊来研学观光。让他们观看粉条生产加工的过程，了解红薯粉条的营养价值，品尝红薯系美食，参与趣味DIY，并给他们讲解农耕文化及科普粉条制作技术。

通过各种社会组织，组织郑州、许昌、漯河、平顶山、登封等都市社区居民分期分批来盛田百年粉坊观光旅游，品尝薯粉美食，体验趣味生活。

除此之外，还组织多种活动来营销。如美食互粉节、百年粉坊加盟大会、挖红薯比赛、烤红薯比赛、漏粉比赛等。

美食互粉节。举办禹美食·豫美人·互粉节。打造美食节，集传统手工制粉表演、产品展销、产品订制、民俗表演等于一体，打造盛田的名片、宣传盛田品牌产品，带动旅游、文化、产业的全面发展，促进产品销售、品牌传播。

百年粉坊加盟大会。号召青年创客开酸辣粉加盟店，鼓励创新创业。

# 参考文献

[1] [日]小松原尚.地域からみる观光学[M].东京:大学教育出版社，2007.

[2] 张虞昕.新常态下的产业观光与地方经济振兴——以日本为例[J].太原城市职业技术学院学报，2017，4.

[3] 凌强.日本产业观光的发展现状、对策及前景展望[J].辽宁税务高等专科学校学报，2007，5.

[4] 朱建良，王鹏欣，傅智建.场景革命：万物互联时代的商业新格局[M].北京：中国铁道出版社，2016.

[5] 吴声.场景革命[M].北京：机械工业出版社，2015.

[6] 吴声.超级IP[M].北京：中信出版社，2016.

[7] 杨健.降维打击[M].北京：北京时代华文书局，2016.

# 后 记

产业观光旅游设计不单单是一个项目的规划，它是文化创意的集中体现，是用文创制造新的体验、新的传播、新的销售、新的生活！

然而，在传统经济时代，文创很难得到普遍的认可。这主要取决于人们对于设计的认识：一直以来，文创设计都被认为是表面的、装饰的、漂亮的东西，而忽略了文创设计的内涵。

实际上，创意设计是企业灵魂之所在，创意设计的原则推动并重新定义了现代企业的商业模式和运营模式。在欧美等发达国家，很多项目投资，创意设计费用往往是投资额的30%左右，而中国达到2%~3%都难，甚者创意设计收费不到项目总投资的1%。

所以，在投资为王的时代，萝卜、白菜价的文创收入抑制了整个文创产业的发展，很多文创从业人员不得不天天贱卖自己的劳动成果，创造动力的丧失导致了大量作品被复制，同质化现象日益严重。

**文创大于投资的时代已经到来！**

在文创的时代，传统的投资者，显得是多么的拙笨与无奈。

动辄数千万甚至上亿的传统投资，往往不如几百万文创领衔的投资出彩，不如它的盈利能力高，四两拨千斤的神话在文创时代层出不穷。我敢说，当下如期而至的经济危机，就是文创时代到来的东方黎明！

文创不讲身价，不论出身。不管你是草根还是业界大咖，只要你有惊世的文创作品，市场就会为你让道，资本就会疯狂追逐。

**一个萌萌的时代——文创时代已经到来！**

文创即文化创意，并非单指出版、艺术之类的文化产业。文创可依据各种文化基因进行创意设计，形成新的物类、新的生活方式、新的产业或新的业态模式。

据世界有关经济组织测算，仅以工业设计为例，在产品外观的创意性上每投入 1 美元，就可带来 1500 美元的收益。微软公司创始人比尔·盖茨曾形象地表述："创意犹如原子裂变，每一盎司的创意都能带来无以数计的商业奇迹和商业效益。"这充分表明了文创的巨大力量。

美国著名未来学家托夫勒指出，谁占领了创意的制高点，谁就能控制全球，主宰 21 世纪商业命脉的将是创意。可见，文创已成为世界经济的新引擎!

在传统经济下,一分投入一分收获,小投入获得小收益,大投入获得大收益。而创意经济却不同,它可以在投入极小的情况下,获得比占有最初的市场份额理想得多的收益。看看那些人气指数很高的观光工厂、观光农场,哪个不是文创作品的精彩展现。

在文创时代,IP成为品牌的翅膀,成为商业的多层价值链。我们要用文创为美丽的工厂、迷人的农场创意超级IP,让文创之神赋予产业更具智慧的竞争力!

为产业创意最佳的观光模式,让产品插上品牌腾飞的翅膀,是我毕生的使命与追求,故以此作《产业观光旅游设计》之后记。

2019年4月1日